やみつき バズレシピ

お手軽食材で失敗知らず！

リュウジ

扶桑社

> はじめに

　遊びにきた友人のために、あるもので手早くつくったつまみ。職場の食堂で、大勢のためにつくったおかず。仕事から帰って、ササッとつくったパスタやどんぶり……。こうしたレシピの数々を、ツイッターでつぶやきはじめたのは、2016年秋のことです。手早く、簡単にできる料理ばかりだから、ツイッターの140文字に載せるのにぴったり。ありがたいことに、あれよあれよという間にフォロワーさんは7万人を超え、今回、初めてのレシピ本を出版する機会に恵まれました。

　本書でご紹介するのは、ツイッターで人気のレシピを中心に、未公開レシピも含めた129品。ツイッターでは分量を紹介していないものも、できるだけ具体的に、再現しやすいようにまとめました。でも、実は僕としては、材料はこれじゃなきゃとか、味つけは絶対こうしないとなんてことは、あんまり思っていません。レシピをヒントに、好きな素材や調味料で、どんどんアレンジしてほしい。この本をきっかけに、料理が楽しいと思ったり、周りの人においしいと言ってもらえたという方が増えたら、何よりの喜びです。

リュウジ

やみつきバズレシピ
CONTENTS

2　はじめに
6　基本の調味料／本書の使い方

PART 1　2000リツイート超え！
Twitter人気ベスト10

8　1位　無限湯通しキャベツ
9　　　　無限ミズナ・無限ズッキーニ
10　2位　大根のから揚げ
11　3位　ペッパーチーズ枝豆
12　4位　世界一おいしい
　　　　アスパラの食べ方
13　5位　アボカドカルボナーラ
14　6位　トマトのバラ
15　7位　アボバタTKG
16　8位　カボチャのカルボナーラ
17　9位　マーボーカレー
18　10位　あたり飯

PART 2　食べすぎ注意！
主役級メインおかず

鶏
20　バターチリチキン
胸肉
22　ラー油ゆで鶏
　　ラー油ゆで鶏の春雨スープ
モモ肉
23　鶏モモ肉のパリパリステーキ
　　ステーキソース
24　ペーパーチキン
　　低温鶏チャーシュー

砂肝・レバー
25　砂肝塩コショウニンニク
　　あめ色タマネギのレバーソテー

豚
26　揚げないトンカツ
薄切り肉
28　糸こんのチャプチェ風
　　おろしラー油の冷製豚しゃぶ
かたまり肉
29　漬け焼き豚
　　豚バラのオーブン焼き
ひき肉
30　塩マーボー
　　ミートラタトゥイユのオーブン焼き
モツ
31　豚モツのトリッパ風
　　豚モツの中華風辛みそ炒め

魚介
32　塩鮭の黄身おろしのせ
34　ブリのガーリックステーキ
　　クリスピータルタルシュリンプ
35　ネギトロ豆腐つくね
　　ネギトロアボカドユッケ

COLUMN
安くても驚きのうまさに！
フライパンde絶品肉

36　フライパンde絶品ローストビーフ
　　フライパンde絶品ポークソテー

PART 3 たくさん食べてもヘルシー！
野菜＆豆腐＆スープレシピ

旬の野菜を食べよう
春
- 40 カブのカルパッチョ
- 41 巻かないロールキャベツ風スープ
  新タマネギのチーズサラダ
  新ジャガのシャキシャキ酢炒め

夏
- 42 スイーツトマト
- 43 ズッキーニの
     フラワーカルパッチョ
  ナスの揚げ浸し香味おろし
  モロヘイヤとイカの
     ペペロンチーノ炒め

秋
- 44 チーズきんぴら
- 45 サトイモチーズもち
  ハニバタフライドサツマ
  エノキダケのから揚げ

冬
- 46 ポパイサラダ
- 47 白菜の重ね日本酒蒸し
  チョレギ春菊
  大根ステーキ

サラダ
- 48 白菜のコールスロー
- 50 カニかまとしらたきの
     和風辛子マヨサラダ
  デパ地下風ブロッコリーと
     卵のツナマヨサラダ
- 51 パクチーサラダ
  魔法のドレッシング

豆腐・練り物
- 52 豆腐のナポリタン
- 54 シラスサルサ冷ややっこ
  絹厚揚げ
- 55 フレンチ油揚げ
  はんぺんのバターしょうゆピザ

スープ
- 56 丸ごとニンジンの食べるスープ
- 58 豚の肉吸い風
  ショウガと大根おろしのスープ
- 59 沖縄風みそ汁
  クラムチャウダー

財布にもやさしい
- 60 ペッパーモヤシ
  ひすいキュウリの酒蒸し
- 61 ガリバタちくわ
  ネギ塩焼きこんにゃく

COLUMN
ふわとろ！ 卵レシピベスト5
- 62 スコッチエッグ風コロッケ
- 64 ハムチーズエッグスラット
  カルボエッグ
- 65 お好み焼き風卵焼き
  マッシュルームの卵とじ

COLUMN
- 66 保存を制する者は自炊を制す

PART 4 呑みすぎ必至！
居酒屋風レシピ

ビールがすすむつまみ
- 70 ナスの白だしバター炒め
  簡単タイ風エビパン
- 71 サバ缶のオイルサーディン
  長イモのジャーマンポテト

ワインがすすむつまみ

- **74** クリチハニーカナッペ
  ガーリックシュリンプ
- **75** 生ハムのクリームコロッケ
  ブルーチーズポテサラ

日本酒がすすむつまみ

- **78** おでん
  揚げそば
- **79** 枝豆とレンコンの辛子あえ
  シラス七味ユッケ

火を使わない！小皿4品

- **80** 長イモ千切りの温玉添え
  ワカメのやみつきナムル
- **81** たたきキュウリのシラスあえ
  ウズラのソース味玉

COLUMN

- **82** 酒と料理と喜んでくれる人と

PART 5 一皿完結！ごはんもの&麺

ごはんもの

- **84** サバカレー
- **86** 爆速キノコカレー
  ハヤシライス
- **87** 肉玉チャーハン
  ガーリックライス
- **88** バターなめたけ丼
  バタータレカツ丼
- **89** ニンニク豆腐丼
  ツナ缶炊き込みご飯
  　おろしポン酢添え

パスタ

- **90** うま味たっぷり日本酒鶏パスタ
- **92** 一房ブロッコリーラグーのパスタ
- **94** 至高のナポリタン
  タコのミートソース
- **95** 焦がしソーセージのペペロンチーノ
  サバ缶とサニーレタスの
  　ペペロンチーノ
- **96** 冷やしボンゴレ
  トマトのバラの冷製カペッリーニ
- **97** チリトマトカルボナーラ
  納豆カルボナーラ

うどん・その他麺

- **98** トマトだしうどん
- **100** 豚キムチうどん
  豆乳カルボナーラうどん
- **101** 特製肉そば
  シラスあぶらーめん
- **102** スタミナタレ焼きそば
  ペッパーしょうゆ焼きそば
- **103** おろしラー油納豆そば
  中華風そうめん炒め

COLUMN

〆にどうぞ！簡単スイーツ

- **104** 飲めるプリン
- **105** バナナのカラメリゼ
  カッサータ

まだまだ更新中！大人気最新レシピ

- **106** カップスープカルボナーラ
  アボカドタツタ
  クリチ冷ややっこ
- **107** 生カリフラワーのカルパッチョ
  カレケチャポテト

- **108** 食材別さくいん

基本の調味料

僕のレシピに欠かせない「一軍調味料」たち。できるだけ、家にある調味料で、特別なものを使わずにつくれてうまいというのが、経済的でうれしいと思う。後列左から、みりん、酒、ゴマ油、オリーブオイル、白だし、しょうゆ、前列左からうま味調味料、粉チーズ、バター、黒コショウ、塩、顆粒コンソメ。うま味調味料はよく使うけど、好みでない人は、代わりに昆布茶を使ってもおいしくできます。

本書の使い方
●大さじ1は15㎖、小さじ1は5㎖、1カップは200㎖です。いずれもすりきりで量ります。米1合は180㎖です。●とくに注釈がない場合は、しょうゆは濃口しょうゆ、砂糖は上白糖、みそはお好みのみそ、バターは有塩バターを使用しています。●火加減はとくに表記がない場合、すべて中火で調理、加熱をしてください。●電子レンジ、オーブン、オーブントースターで加熱する時間はメーカーや機種によって異なりますので、様子を見て加減してください。また加熱する際は、付属の説明書に従って、耐熱の器やボウルなどを使用してください。

PART 1

＼ 2000リツイート超え！ ／

Twitter人気ベスト10

ツイッターに上げたなかでも、とくに大人気のベスト10レシピをご紹介。
「簡単にできてうまい！」とたくさんの人が共感してくれている
自信作ばかりだから、ぜひお試しを。リピートしたくなること必至です！

> Twitterコメント
>
> 本当に味見が止まらないので、倍量で作ればよかった……(TдT)(久遠さん)

1位

＼絶妙な食感でやみつきのうまさ！／

無限湯通しキャベツ

湯をかけるだけでシャキシャキとしっとりが混在し
無限に食える激うまキャベツに

材料(2人分)
キャベツ…1/4個
A シラス…25g
ゴマ油…大さじ1
うま味調味料…小さじ1/3
塩、黒コショウ…各適量

1 キャベツは千切りにし、ザルに入れる。

2 熱湯をまんべんなく回しかけ、水気をきってボウルに入れる。

3 Aを加えて混ぜ、器に盛る。

ARRANGE

無限ミズナ

1 ミズナ1袋は3cm長さに切ってザルに入れ、熱湯を回しかけ、水気をきる。
2 ベーコン40gは5mm幅に切り、フライパンにサラダ油小さじ1をひいて炒める。
3 ボウルに1と2、ゴマ油大さじ1、うま味調味料小さじ1/3、塩、コショウ各適量を加えて混ぜる。

無限ズッキーニ

1 ズッキーニ1本は薄い輪切りにしてザルに入れ、熱湯を回しかけ、水気をきる。
2 ボウルに1を入れ、ツナ缶1缶(汁気を切る/80g)、ゴマ油大さじ1/2、中華調味料(ペースト)小さじ1/2、塩、黒コショウ各適量を加えて混ぜる。

2位

Twitterコメント
前から気になっていたレシピ。家族みんなに大人気で、3人で1本まるまる完食しました★ おいしかったです(なこさん)

\ 1つ食べたら止まらない! /

大根のから揚げ

サクッジュワットロッと口の中でおいしさが溶けだします。コンビニおでんでつくってもOK

1 大根は皮をむき3cm角に切ってフライパンに入れ、Aを加えてフタをし、中火にかける。沸騰したら弱火にして1時間煮て、そのまま冷ます。

2 1の水気をきり、片栗粉を厚めにまぶす。

材料(2人分)
大根…½本
A│白だし…80ml
　│水…1ℓ
片栗粉、揚げ油、塩
　…各適量

3 時間をおかず、180℃の揚げ油で転がしながらキツネ色になるまで揚げて油をきり、塩をふって器に盛る。

●好みで辛子か青のりを添えたり、粉チーズと黒コショウをふってアレンジしてもおいしい!

材料（2人分）
むき枝豆（冷凍）…1袋（180g）
オリーブオイル…大さじ1
ニンニク（みじん切り）…1かけ
A｜バター…10g
　｜顆粒コンソメ、塩
　　…各少し
粉チーズ、黒コショウ
　…各適量

1 フライパンにオリーブオイルとニンニクを入れて中火にかけ、香りが立ったら枝豆を加える。

2 Aを加えてさっと炒める。

3 器に盛り、粉チーズと黒コショウをふる。

3位

あっという間に
つまみが完成

ペッパーチーズ枝豆

枝豆にバターの香りと
ニンニクを効かせて。
ビールに合うんだな、これが

Twitterコメント
おいしすぎて光の速さでなくなった……定番のおつまみに仲間入り(´艸`)♡（ふじこさん）

材料（2人分）
グリーンアスパラ（大）…3本
オリーブオイル…大さじ1弱
塩、黒コショウ…各適量
卵…1個
サラダ油…小さじ1
黒コショウ（仕上げ用）…適量
粉チーズ…大さじ2

4位

1 アスパラは根元のかたい皮をむく。フライパンにオリーブオイルをひいて中火にかけ、アスパラを入れて塩、黒コショウをふり、転がしながら焦げ目がつくまで炒める。水大さじ1（分量外）を加えてさらに火をとおし、水が蒸発したら火を止め、器に盛る。

2 1のフライパンの汚れをさっとふき取り、サラダ油をひいて中弱火にかけ、卵を入れる。白身に火がとおり始めたら水大さじ2（分量外）を加えてフタをし、半熟の目玉焼きをつくる。

3 1に2をのせ、黒コショウ、粉チーズをふる。

丸ごとアスパラを
ミラノ風に

世界一おいしい
アスパラの食べ方

アスパラ×半熟目玉焼きは文句なしの相性。
もちろん、黄身はくずしてソースに

Twitterコメント
宅飲みのグレードが一気にあがった。白ワインをください！ 自炊するのがますます好きになりました（さんきちさん）

> Twitterコメント
>
> 牛乳、生クリームなしでここまでまったりまろやかになるのですね。アボ好きなら挑戦してみてほしい逸品(姐王さん)

5位

生クリームを使わないでできる

アボカドカルボナーラ

一皿で栄養もボリュームも満点!
粉チーズはたっぷりふるのがおすすめ

材料(2人分)
パスタ…180g
アボカド…1個
卵黄…2個
バター…20g
A｜オリーブオイル
　　…大さじ2
　顆粒コンソメ
　　…小さじ2弱
　ニンニク(すりおろす)
　　…½かけ
ベーコン(5mm幅に切る)
　…120g
サラダ油…小さじ1
B｜塩、黒コショウ、粉チーズ
　　…各適量
パセリ(みじん切り/あれば)
　…適量

1 ボウルにアボカド、卵黄、バター、Aを入れる。フライパンにサラダ油をひいてベーコンを炒め、油ごとボウルに加える。

2 1をよく混ぜる。

3 バターと表示通りにゆでたパスタを加えて混ぜ、器に盛り、Bとあればパセリをふる。

> 愛を伝えたいのに
> バラがないときに！

トマトのバラ

トマトを厚くむいてクルクルと巻くだけ。
途中で切れても盛りつけで挽回できます

Twitterコメント

ミニトマトでやってみました。いつもの鶏ハムに添えたらオサレな感じに！　きゃわわ（かおにゃんさん）

材料（2人分）
トマト…2個
バジル…適量

くるくる

→ このバラを使った
パスタのレシピはP.96

1 トマトはヘタを除き、反対側の部分に水平に切り込みを入れ、切り落とさないようにする。

2 そのまま包丁を小刻みに動かし、リンゴの皮をむく要領で皮をつなげたまま厚めにむく。

3 下の部分を台にして、外側から内側に皮を巻いていき、バラの形にする。器に盛り、バジルを葉に見立てて添える。

材料（2人分）
ご飯…茶碗2杯分
アボカド…1個
バター…20g
ベーコン…80g
サラダ油…小さじ1
卵黄…2個
うま味調味料…少し
しょうゆ…適量

1. ボウルにアボカドを入れる。バターを電子レンジ（600W）で約1分加熱してやわらかくして加え、つぶしながらよく混ぜる。

2. ベーコンは5mm角に切り、フライパンにサラダ油をひいて炒める。

3. 器にご飯を盛り、1と2をのせて真ん中に卵黄をのせ、うま味調味料、しょうゆをかける。

7位

〜混ぜてリゾット風にしても！〜

〜世界一おしゃれなズボラ飯〜

アボバタTKG

卵かけご飯をおしゃれにアレンジ。
混ぜて食べるとリゾット風になり、最高にうまい！

Twitterコメント
好きすぎて、休みの日の朝食は必ずこれ。お歳暮でいただいた豚バラベーコンで。おいしい以外の何物でもない（ミウさん）

カボチャのカルボナーラ

彩りもきれいで食欲をそそる！

カボチャの甘味とオリーブオイルの香りが絶妙。
アツアツのパスタを混ぜるのがコツです

材料（2人分）
- パスタ…180g
- カボチャ…1/8個（正味約150g）
- A
  - バター…20g
  - オリーブオイル…大さじ2
  - 顆粒コンソメ…小さじ2
  - ニンニク（すりおろす）…1/2かけ
- 卵…2個
- 生ハム…60g
- 塩、黒コショウ…各適量
- 粉チーズ…大さじ2
- パセリ（みじん切り／あれば）…適量

1. カボチャは種とワタを除き、濡らしてラップに包む。皮を下にして電子レンジ（600W）で3分加熱し、上下を返してさらに2分加熱し、やわらかくする。皮を除いてボウルに入れ、Aを加えてフォークでつぶしながら混ぜる。

2. パスタは表示通りにゆでてザルに上げ、アツアツを1に加えてよく混ぜる。

3. 食べやすくちぎった生ハムを加えて混ぜ、塩、黒コショウで調味して器に盛り、粉チーズをかける。あればパセリをふる。

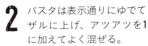

8位

Twitterコメント
息子が大好きで口開けて待ってるし、旦那はこのパスタが一番うまい！と。またリピするどー(o´∀`o)（くおんさん）

9位

\\ 複雑な辛さが
クセになる自信作 //

マーボーカレー

辛党の僕のお気に入りレシピ。
辛いのが苦手な人は、ルウを甘口にするか、
豆板醤を少なめにしてどうぞ

> **Twitterコメント**
> 初日はマーボー豆腐寄りに作り、翌日はルゥを足してカレー寄りに近づける、とすると数日間楽しめます（めーらいさん）

材料（つくりやすい分量・2～3人分）
ご飯…茶碗2～3分
豚ひき肉…180g
サラダ油…大さじ2
A ｜ ニンニク（みじん切り）…2かけ
　　豆板醤、甜面醤…各大さじ1
　　ラー油…小さじ2
B ｜ カレールウ（中辛）…2かけ
　　湯…1¼カップ
　　酒…大さじ1
　　はちみつ…小さじ1
豆腐（絹ごし）…1丁（350g）
長ネギ（みじん切り）…½本

1 フライパンにサラダ油をひいて中火にかけ、ひき肉を炒める。肉の色が変わったら**A**を加えてさらに炒める。

2 全体がなじんだら、**B**を加えて混ぜる。

3 豆腐は2cm角に切ってさっとゆで、水気をきる。2の全体がなじんだらこれを加え、長ネギを加えてひと煮立ちさせて火を止め、ご飯とともに器に盛る。

10位

イカのうま味が
たっぷり！

あたり飯

イカを乾燥させたあたりめを
ご飯に炊き込むだけ。好みでマヨネーズや
七味をかけてもよく合います

> Twitterコメント
> 以前から絶対に作りたかったレシピ。途中からマヨネーズと七味もかけて最高！！！（ちゃぴぞうさん）

材料（つくりやすい分量）
米…2合
ショウガ…1かけ（10g）
あたりめ…40g
A ┃ しょうゆ…大さじ2
　┃ 酒、みりん
　┃ 　…各大さじ1
　┃ 白だし…小さじ1
万能ネギ（小口切り）
　…適量

1 米は洗ってザルに上げ、水気をきる。ショウガは千切りにする。

2 炊飯器に1、あたりめ、2合分より少なめの水（分量外）、Aを入れて普通に炊く。

3 炊き上がったら全体を混ぜて器に盛り、万能ネギを散らす。

PART 2

＼食べすぎ注意!／

主役級 メインおかず

がっつりご飯がすすむメインおかず。定番の鶏肉、豚肉から、
モツを使ったレシピや魚介のレシピも。バリエ豊富で、毎日の家ごはんが
うれしい時間に。手が込んで見えるものも、意外に簡単にできます

鶏

Twitterコメント
いままで食べたチキンのなかで一番おいしいし、外食したくなるおいしさ。しかも簡単★（りつさん）

\ ピリ辛酸っぱい /
おいしさ！

バターチリチキン

無限にビール、無限に白米がすすんじゃう案件。
小さめに切った鶏モモ肉でもつくれます

材料（2人分）
鶏手羽中…200g
塩、コショウ…各適量
サラダ油…小さじ1
A｜バター…10g
　｜トマトケチャップ…大さじ2
　｜ニンニク（すりおろす）…½かけ
　｜タバスコ…小さじ1

1 手羽中は塩、コショウをふる。フライパンにサラダ油をひいて中火にかけ、皮目を下にして入れて焼き、こんがり色づいたら返して両面よく火をとおす。

2 Aを加え、全体にからめる。

3 調味料が全体になじんだら火をとめ、器に盛る。

胸肉

放っておくだけで完成！
ラー油ゆで鶏

絶妙な火加減でしっとりやわらかく
仕上がるサラダチキン的
鶏胸肉レシピ。スープもうまい！

Twitterコメント

かけるパクチーも合わせてエスニック風に！ 作り置きして次の日はカオマンガイにしました（いぬたろうさん）

材料（2人分）
鶏胸肉…大1枚（350g）
A │ 水…3½カップ
  │ 中華調味料（ペースト）
  │ 　…小さじ2
B │ 塩、うま味調味料、
  │ 　ラー油、いりゴマ（白）
  │ 　…各適量
万能ネギ（小口切り）…適量
糸唐辛子（あれば）…適量

1 鶏肉はラップに包んで電子レンジ（600W）で約20秒加熱し、上下を返してさらに約20秒加熱して人肌に温める。

2 小鍋にAを入れて火にかけ、沸騰したら1を入れて火を止め、フタをしてそのまま冷ます。

3 鶏肉を取り出して食べやすく切って器に盛り、Bをかけ、万能ネギとあれば糸唐辛子をのせる。

●鶏肉を切って、中心部が少し生っぽい場合は再度温めたAに浸けて加熱を。

― スープを活用！ ―

ラー油ゆで鶏の
春雨スープ

材料とつくり方（2人分）
春雨50gは表示通りに戻して2つの器に半量ずつ盛り、ラー油ゆで鶏のスープを1人150mlずつ注いでゆで鶏を3切れずつのせる。万能ネギの小口切り適量をのせ、塩少しと好みでレモン汁少しを加える。

モモ肉

外はパリッ、中はジューシー
鶏モモ肉の パリパリステーキ

イタリア式の鶏肉の焼き方。
鍋の重しをのせることで、
焼き時間を短縮し、皮はパリパリ、
中はふっくらとした仕上がりに

材料（2人分）
鶏モモ肉…大1枚（350g）
塩…小さじ½強
コショウ…適量
サラダ油…小さじ1
ステーキソース（下記参照）
　…全量
パセリ（みじん切り／あれば）
　…適量

1 鶏肉はラップに包んで電子レンジ（600W）で約20秒加熱し、上下を返してさらに約20秒加熱して人肌に温め、塩、コショウをふる。

2 フライパンにサラダ油をひいて中火にかけ、十分に温まったら1を皮目を下にして入れる。上に別のフライパンか小鍋に水をはったもの（重量合計1kg以上）をのせて重しにし、約2分30秒焼く。

3 鶏肉を返して2の重しを再びのせ、約1分30秒焼いて中まで火がとおったら器に盛り、ステーキソースをかける。

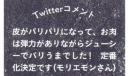

Twitterコメント
皮がパリパリになって、お肉は弾力がありながらジューシーでバリうまでした！　定番化決定です（モリエモンさん）

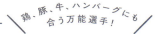

鶏、豚、牛、ハンバーグにも合う万能選手！

ステーキソース

材料とつくり方（2人分）
ウイスキー、しょうゆ、みりん各大さじ2、砂糖、うま味調味料各少し、ニンニク（すりおろす）1かけ、タマネギ（すりおろす）¼個をすべて鍋に入れて中火にかけ、沸騰して少し煮詰まってきたら火を止める。

モモ肉

紙に包んで香味ダレを味わう
ペーパーチキン

あけると…

材料（2人分）
鶏モモ肉…大1枚（350g）
ショウガ、長ネギ…各適量
A | しょうゆ…大さじ2½
  | オイスターソース、
  | 紹興酒（または酒）、
  | ゴマ油…各大さじ2
  | 砂糖…小さじ2
  | うま味調味料…少し
揚げ油…適量

1. 鶏肉は4等分に切る。ショウガ、長ネギは千切りにする。

2. クッキングシートを4枚用意し、1の鶏肉1切れずつとショウガ、長ネギ、Aを合わせたタレを4等分してのせる。シートの手前と奥を重ねて折り、両端をねじってしっかり包む。

3. フライパンに油を2cm入れて中弱火で温め、2を入れてフタをし、約6分加熱する。

低温で温め、しっとりジューシーに
低温鶏チャーシュー

材料（2人分）
鶏モモ肉…大1枚（350g）
A | しょうゆ、酒、みりん
  | …各½カップ
  | 砂糖…40g
  | ニンニク、ショウガ
  | …各2かけ（20g）
  | 赤唐辛子…1本

1. 鶏肉は身の厚いところに包丁を入れて開いて厚さを均一にし、ラップに包んで電子レンジ（600W）で約20秒加熱し、上下を返してさらに約20秒加熱して人肌に温める。

2. 鍋にAを入れて火にかけ、沸騰したら弱火にし、1を皮目を下にして入れ、再沸騰してから約1分煮て火を止め、フタをしてそのまま冷ます。

3. 鶏肉を取り出して切り分けて器に盛り、煮汁を煮詰めてタレにしてかける。

● 鶏肉を切って、中心部が少し生っぽい場合は再度温めたAに浸けて加熱を。

砂肝・レバー

ニンニクを効かせて香ばしく！
砂肝塩コショウニンニク

材料（2人分）
砂肝… 200g
塩、コショウ…各適量
サラダ油…大さじ1
ニンニク（薄切り）…1かけ
キャベツ…1/8個
A｜ゴマ油…大さじ1/2
　｜うま味調味料、塩、コショウ
　｜…各少し
レモン（くし形切り）…1/6個
パセリ（みじん切り／あれば）…適量

1 砂肝は1個ずつ半分に切り、たたいて薄くのばし、塩、コショウをふる。

2 フライパンにサラダ油をひいて中火にかけ、ニンニクを炒めて香りが立ったら1を入れて両面を焼いて火をとおす。

3 キャベツは千切りにしてザルに入れ、熱湯をかけて水気をきり、Aで調味する。器に2を盛ってキャベツをのせ、あればパセリを散らし、レモンを添える。

ワインがすすむ一品。パスタにからめても！
あめ色タマネギのレバーソテー

材料（2人分）
鶏レバー… 200g
塩、コショウ…各適量
タマネギ（薄切り）…小1個
オリーブオイル…大さじ2
ニンニク（みじん切り）…2かけ
顆粒コンソメ…小さじ1
パセリ（みじん切り／あれば）…適量

1 レバーは一口大に切り、ボウルに水（分量外）を入れてもみ洗いし、濁ったら水をかえるのを、水の濁りがなくなるまで繰り返す。水気をふき取り、塩、コショウをふる。

2 タマネギは耐熱皿にのせてラップをせずに電子レンジ（600W）で約2分加熱して水気を飛ばす。フライパンにオリーブオイルをひいてこれをニンニクとともに中火で炒める。

3 タマネギがあめ色になったらフライパンの端に寄せ、1を入れてさっと炒め、コンソメを加えてなじませる。あればパセリを散らす。

豚

Twitterコメント
めちゃウマ！ 普通のトンカツよりこっちが断然おいしい。マヨで下味ばっちりだからソースなしでも◎（とことこさん）

手間なく
油も控えめ！

揚げないトンカツ

油も控えめであと片づけもラク、だけどがっつりうまいんです！
柴犬色パン粉は、焼いた魚やエビにかけるなど、応用自在

材料（2人分）
豚ローストンカツ用肉…2枚（280g）
パン粉…1カップ
サラダ油…大さじ2⅔
塩、コショウ…各適量
マヨネーズ…大さじ2
キャベツ（千切り）…適量
ソース、練り辛子（好みで）…各適量

1 フライパンにサラダ油大さじ2をひいて中火にかけ、パン粉を入れて柴犬色になるまで炒めて取り出す。

2 豚肉は常温に戻して筋切りし、塩、コショウをふる。フライパンに残りのサラダ油をひいて中火にかけ、豚肉を両面約2分ずつ焼き、中まで火をとおす。バットなどに移して表面の泡をペーパータオルで軽くふき取り、両面にマヨネーズを塗る。

3 器にキャベツを盛って1を半量敷き、2をのせて上から残りの1をかけ、ソースと好みで辛子を添える。

薄切り肉

ヘルシーで、食べごたえ満点!
糸こんのチャプチェ風

材料（2人分）
豚バラ薄切り肉…160g
糸こんにゃく…300g
塩、片栗粉…各適量
ニンジン…各1/2本
ニラ…1/2束
サラダ油…小さじ1
A│ しょうゆ…大さじ1 1/2
　│ すりゴマ（白）…大さじ1 1/2
　│ 砂糖…大さじ1
　│ 酒、コチュジャン…各大さじ1弱
　│ うま味調味料…小さじ1/2
　│ ニンニク（すりおろす）…1かけ
ラー油（またはゴマ油）…少し
塩、コショウ（仕上げ用）…各適量
糸唐辛子（あれば）…適量

1 糸こんにゃくは下ゆでし、食べやすい大きさに切る。豚肉は食べやすい大きさに切り、塩と片栗粉をまぶす。ニンジンは千切り、ニラは3cm長さに切る。

2 フライパンにサラダ油をひいて中火にかけ、1の豚肉を炒め、ニンジンを加えてさらに炒める。糸こんにゃくも加えてさっと炒め、Aを加えて全体にからめる。

3 1のニラを加えてさっと炒め、ラー油を加え、塩、コショウで味をととのえる。器に盛り、あれば糸唐辛子をのせる。

スープでゆでて
うま味を凝縮
おろしラー油の
冷製豚しゃぶ

材料（2人分）
豚ロースしゃぶしゃぶ用肉…240g
A│ 水…3 1/2カップ
　│ 中華調味料（ペースト）…大さじ1
　│ ショウガ（すりおろす）…小さじ2
大根おろし（水気を絞る）…大さじ4
ラー油…小さじ2
万能ネギ（小口切り）…適量
ポン酢、またはゴマだれ（好みで）…適量

1 豚肉は常温に戻す。鍋にAを入れて火にかけ、沸騰したら豚肉をくぐらせてバットに移し、冷蔵庫に入れて肉が常温になるまで冷やす。

2 器に盛り、大根おろしとラー油を合わせてのせ、万能ネギを散らす。好みでポン酢かゴマだれをつけていただく。

> かたまり肉

簡単にできて失敗なし!
漬け焼き豚

材料(2人分)
豚バラかたまり肉…400g
酒、みりん…各大さじ1⅔
しょうゆ…大さじ5
昆布茶…小さじ1弱
サラダ油…小さじ1
長ネギ(白い部分を千切り)…½本
A｜ゴマ油、うま味調味料、塩
　　…各適量
パセリ(みじん切り/あれば)…適量

1 鍋に豚肉を入れ、たっぷりの水(分量外)を加えて中火にかけ、沸騰したら弱火にして約1時間半ゆでる。

2 耐熱容器に酒とみりんを入れ、ラップをせず電子レンジ(600W)で約1分加熱してアルコール分を飛ばし、しょうゆ、昆布茶と合わせてポリ袋に入れる。1を加えてなじませ、冷蔵庫に入れて約2時間漬け込む。

3 袋から豚肉を取り出して食べやすく切り、フライパンにサラダ油をひいて軽く焼く。器に盛り、長ネギとAを合わせてのせる。あればパセリを散らす。

ハーブを効かせたイタリア料理
豚バラのオーブン焼き

材料(2人分)
豚バラかたまり肉…400g
A｜塩…小さじ½
　｜コショウ…適量
　｜ニンニク(すりおろす)
　｜　…1かけ
　｜オレガノ、セージ
　｜　(各乾燥/あれば)
　｜　…各適量
オリーブオイル…適量
塩(岩塩など)、マスタード
　(各好みで)…各適量

1 豚肉はたたいてAを全体にすり込む。

2 1を渦巻き状に巻き、中心と巻き終わりを楊枝でとめる。表面にオリーブオイルを塗って耐熱皿にのせ、150℃のオーブンで1時間50分加熱する。

3 食べやすく切って器に盛り、好みで塩、マスタードを添える。

この向きに楊枝を刺す

ひき肉

シンプルな調味料で手軽に！
塩マーボー

材料（2人分）
豚ひき肉…180g
豆腐（絹ごし）…1丁（350g）
長ネギ…1/2本
ニラ…1/2束
サラダ油…大さじ1
ニンニク（みじん切り）…1かけ
ショウガ（みじん切り）…2かけ（20g）
A｜水…1 1/4カップ
　｜中華調味料（ペースト）
　｜　…小さじ1 1/2
　｜オイスターソース…小さじ1
　｜塩、黒コショウ…各適量
B｜片栗粉、水…各大さじ1
ラー油…適量

1 豆腐は2cm角に切ってさっとゆで、水気をきる。長ネギは小口切りに、ニラは2cm長さに切る。

2 フライパンにサラダ油をひいて中火にかけ、ひき肉を炒める。肉の色が変わったらニンニク、ショウガを加えてさらに炒める。1の豆腐とAを加え、煮立ったら長ネギとニラを加えて火をとおし、Bを合わせた水溶き片栗粉を加えてとろみをつける。

3 器に盛り、ラー油をかける。

野菜も肉もいっぱいの幸せ味
ミートラタトゥイユの
オーブン焼き

材料（2人分）
豚ひき肉…150g
塩、コショウ…各適量
ナス…4個
オリーブオイル…大さじ3
ニンニク（みじん切り）…2かけ
タマネギ（みじん切り）…1/2個
A｜塩…少し
　｜ウスターソース…小さじ2
B｜トマト缶…1缶（400g）
　｜顆粒コンソメ…大さじ1強
ピザ用チーズ…100g
パセリ（みじん切り／あれば）
　…適量
タバスコ（好みで）…適量

1 ひき肉に塩、コショウをふる。ナスは5mm幅の輪切りにする。

2 フライパンにオリーブオイルをひいて弱火にかけ、ニンニクを炒め、香りが出たら1のひき肉とタマネギを加える。全体に火がとおったら、1のナスとAを加え、しんなりするまで炒め、Bも加えて15分ほど煮、塩、コショウで味をととのえる。

3 2を2つの耐熱皿に分けて入れ、それぞれチーズをかけてオーブントースター（1000W）で10〜15分加熱し、チーズに焼き目をつける。あればパセリをふり、好みでタバスコをかける。

> モツ

フライパンでつくる煮込み
豚モツのトリッパ風

材料（2人分）
豚モツ…300g
オリーブオイル…大さじ2
A｜ニンニク（みじん切り）…3かけ
　｜タマネギ（みじん切り）…½個
　｜セロリ（薄切り）…1本
B｜トマト缶…1缶（400g）
　｜白ワイン…½カップ
　｜ローリエ（あれば）…1枚
　｜顆粒コンソメ…大さじ1½
　｜水…1カップ
　｜塩、コショウ…各適量
粉チーズ…適量
パセリ（みじん切り／あれば）…適量

1 鍋に湯（分量外）を沸かし、豚モツを入れて5分ゆでる。

2 フライパンにオリーブオイル大さじ1をひいて中火にかけてAを炒め、全体に油が回ったら1のモツを加えて炒める。肉の色が変わったらBを加え、煮立ったら火を弱めて約1時間半煮る。

3 粉チーズと残りのオリーブオイルをかけて器に盛り、あればパセリを散らす。

ピリ辛味が食欲をそそる！
豚モツの中華風辛みそ炒め

材料（2人分）
豚モツ…300g
ニンニクの芽（食べやすく切る）…1束
ゴマ油…大さじ1
ニンニク（みじん切り）…2かけ
A｜豆板醤、甜面醤…各大さじ1
　｜砂糖…小さじ1弱
　｜中華調味料（ペースト）
　｜　…小さじ½
　｜紹興酒（または酒）…大さじ2
塩、コショウ…各適量

1 鍋に湯（分量外）を沸かし、豚モツを5分、ニンニクの芽を2分、時間差で入れてゆでる。

2 フライパンにゴマ油をひいて強火にかけ、ニンニクを炒める。香りが立ったら1を加えて炒め、Aを加えて全体になじませ、塩、コショウで味をととのえる。

魚介

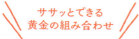
ササッとできる
黄金の組み合わせ

塩鮭の黄身おろしのせ

さっぱりしているのにコクのある黄身おろしが、
塩鮭のしょっぱさをやわらげ、まろやかな味わいに

材料（2人分）
塩鮭（切り身）…小4切れ
サラダ油…小さじ2
大根…6cm
卵黄…2個
万能ネギ（小口切り）…適量

1 フライパンにサラダ油をひいて中火にかけ、鮭を両面色よく焼く。

鮭の皮の部分は、フライパンを傾けて油がたまるようにし、そこに当てて焼くと香ばしく焼き上がる。

2 大根はすりおろして水気を絞り、卵黄とよく混ぜる。

3 器に1を盛り、2をのせて万能ネギを散らす。

香り高いソースが絶品

ブリの
ガーリックステーキ

材料（2人分）
ブリ（切り身）…2切れ（140g）
塩、コショウ、小麦粉…各適量
バター…10g
ニンニク（みじん切り）…2かけ
A｜しょうゆ、酒、みりん
　　…各大さじ1
　｜砂糖、うま味調味料…各少し
パセリ（みじん切り／あれば）
　…適量

1 ブリは塩、コショウをし、小麦粉をはたく。

2 フライパンにバターとニンニクを入れて中弱火にかけ、香りが立ったら1を両面こんがり焼き、取り出して器に盛る。

3 フライパンにAを入れて少し煮詰め、2にかけて、あればパセリを散らす。

揚げないエビフライ風

クリスピー
タルタルシュリンプ

材料（2人分）
エビ（殻つき）…10尾
A｜塩、コショウ…各適量
　｜昆布茶（あれば）…小さじ1/3
サラダ油…大さじ1 2/3
パン粉…1/2カップ
ほんのりピンクのタルタルソース（下記レシピ参照）…半量
パセリ（みじん切り／あれば）…適量

> **ほんのりピンクのタルタルソースの材料とつくり方（つくりやすい分量）**
>
> ゆで卵1個、ピクルス1〜2本（あれば）はみじん切りにする。タマネギ1/2個はみじん切りにし、水にさらして水気を絞る。これらをボウルに入れてマヨネーズ大さじ5、トマトケチャップ小さじ2を加えて混ぜ、塩、コショウ各適量で味をととのえる。

1 エビは殻をむいて背ワタを除き、片栗粉（分量外）で洗ってAをまぶす。

2 フライパンにサラダ油大さじ1をひいて中火にかけ、パン粉を入れて柴犬色になるまで炒め、取り出す。

3 2のフライパンをさっとふき、残りのサラダ油をひいて中火にかけ、1を両面焼き、器に盛る。ほんのりピンクのタルタルソースをかけて2をのせ、あればパセリを散らす。

さっぱりコンビを甘辛ダレで
ネギトロ豆腐つくね

材料（2人分）
ネギトロ…120g
豆腐（絹ごし）…小1丁（150g）
A│ 片栗粉…小さじ2
 │ 白だし…小さじ1
 │ 塩、コショウ…各適量
ゴマ油…大さじ1
B│ しょうゆ、酒、みりん
 │ 　…各大さじ1
 │ 砂糖、ショウガ（すりおろす）
 │ 　…各小さじ½
 │ うま味調味料…少し
万能ネギ（小口切り）、ベビーリーフ（あれば）…適量

1 ボウルにネギトロ、水きりした豆腐を入れ、Aを加えてよく混ぜ、4等分にして楕円形に成形する。

2 フライパンにゴマ油をひいて中火にかけ、1を両面こんがり焼き、中まで火をとおし、取り出して器に盛る。

3 2のフライパンにBを入れて煮詰め、2の豆腐つくねにかけ、あれば万能ネギ、ベビーリーフを散らす。

火を使わずに5分で完成！
ネギトロ
アボカドユッケ

材料（つくりやすい分量）
ネギトロ…120g
アボカド…1個
塩…適量
A│ しょうゆ、ゴマ油…各大さじ1
 │ コチュジャン、砂糖 ‥各小さじ2
 │ みりん…小さじ1
 │ ニンニク（すりおろす）…½かけ
卵黄…1個
青ジソ…1枚
万能ネギ（小口切り）…適量

1 アボカドは種と皮を除き、たたいてボウルに入れ、ネギトロ、塩を加えてよく混ぜる。

2 器に盛り、Aを合わせてかけ、卵黄をのせる。青ジソを添え、万能ネギを散らす。

\\ 安くても驚きのうまさに！ //

フライパンde絶品肉

肉をフライパンで上手に焼くためには、冷たいままいきなり焼くのはご法度。
常温で2〜3時間おくか、電子レンジにかけて、人肌に温めてからスタートしましょう。
コツをつかめば、安い肉だって高級レストラン顔負けのおいしさに！

牛 フライパンde 絶品ローストビーフ

1

牛モモかたまり肉500gは塩4g（小さじ1弱）をふり、ラップをして電子レンジ（600W）で約20秒加熱し、上下を返してさらに約20秒加熱し、人肌に温める。

2

フライパンにオリーブオイル大さじ1強をひいて中火にかけ、フライパンが温まったら牛肉を入れてフタをして中強火で2分、弱火で1分焼く。上下を返してフタをし、同様に中強火で2分、弱火で1分焼き、ほかの面もフタをして弱火で2分ずつ焼く。

3

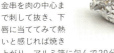

金串を肉の中心まで刺して抜き、下唇に当ててみて熱いと感じれば焼き上がり。アルミ箔に包んで20分おく。

4

薄くスライスし、ワサビじょうゆかステーキソース（P.23）などを添える。

豚 フライパンde 絶品ポークソテー

1

豚バラかたまり肉400gは長さを半分に切って2cm弱厚さに切り、塩、コショウ各適量をふる。

2

ラップをして電子レンジ（600W）で約20秒加熱し、上下を返してさらに約20秒加熱し、人肌に温める。

3

フライパンにオリーブオイル小さじ1をひいて中火にかけ、豚肉を入れてフタをして表裏を3分ずつ焼く。

4

切ったときに断面がふっくらしていれば成功。食べやすい大きさに切り、塩、レモンなどを添える。

PART 3

\ たくさん食べてもヘルシー！ /

野菜＆豆腐＆スープレシピ

毎日の食卓に欠かせない、野菜や豆腐を使った料理。ササッとつくれる副菜から、メインになるボリュームおかず、食べやすいスープまで。安くて食べごたえのある、コスパ満点のレシピも見逃せませんよ！

旬の野菜を食べよう

甘味と水分をしっかり
たくわえた、カブや
新タマネギ、新ジャガなど

春

夏

トマトやナス、モロヘイヤなど
太陽のエネルギーいっぱいの
色の濃い野菜をもりもりと

秋

レンコンやゴボウなどの根菜や
キノコなど、滋味あふれる
おいしさをしみじみと

冬

寒さのなかで、じっくりと育つ
ホウレンソウや大根には
土の栄養がたっぷり

\\ カブにうま味を //
\\ 吸わせて！ //

カブのカルパッチョ

> Twitterコメント
> 子どもがとても気に入りました。レモン汁がなかったのでしょうゆの代わりにポン酢を使いました（れいさん）

さっぱりしたカブのおいしさと、昆布茶、シラスのうま味が絶好調の組み合わせ。ワサビも効いてます！

材料（2人分）
カブ…2個
シラス…大さじ3
塩…小さじ⅓
昆布茶…小さじ½
A ┃ しょうゆ、オリーブオイル…各大さじ1
　┃ レモン汁…小さじ1
　┃ 練りワサビ…小さじ½

1 カブは葉を落としてよく洗い、皮をむかずに薄い輪切りにし、塩をまぶして約5分おく。

2 昆布茶を加えて混ぜ、器に並べてシラスをのせ、Aを混ぜたタレをかける。

\\ 残ったカブの //
\\ 葉を使って！ //

材料（つくりやすい分量）
カブの葉…2個分
ゴマ油…大さじ2
A ┃ 白だし…小さじ1
　┃ 塩、すりゴマ…各適量

1 カブの葉は3㎝幅に切る。

2 フライパンにゴマ油をひいて中火にかけ、1を入れて炒め、Aで調味する。

春キャベツと手づくりサルシッチャで
巻かないロールキャベツ風スープ

材料（2人分）
春キャベツ…1/4個
豚ひき肉…200g
塩、コショウ…各適量
A │ オリーブオイル
  │ 　…大さじ3
  │ ニンニク(つぶす)…4かけ
  │ 赤唐辛子(種を除く)…1本
B │ 水…2 1/2 カップ
  │ 顆粒コンソメ…大さじ2
粉チーズ(好みで)…適量

1. ひき肉はボウルに入れて塩、コショウを加え、よくこねる。
2. 鍋にAを入れて中火にかけ、炒める。香りが立ったら1をミートボール状に丸めて並べ、表面に焼き目をつける。
3. Bを加え、キャベツを食べやすくちぎってのせ、フタをして蒸し煮にし、しんなりしたら塩、コショウで味をととのえる。好みで粉チーズをかける。

シャキシャキッと新タマネギで!
新タマネギのチーズサラダ

材料（2人分）
新タマネギ…1個(250g)
A │ 顆粒コンソメ
  │ 　…小さじ1強
  │ オリーブオイル
  │ 　…大さじ1
  │ 酢…小さじ2
  │ 塩、コショウ
  │ 　…各適量
粉チーズ、パセリ(みじん切り／あれば)
　…各適量

1. タマネギは薄切りにし、水（分量外）にさらして辛味を抜き、水気を絞る。
2. ボウルに1を入れ、Aを加えて混ぜる。
3. 器に盛り、粉チーズをたっぷりふって、あればパセリを散らす。

ニンニクと唐辛子を効かせて
新ジャガのシャキシャキ酢炒め

材料（2人分）
新ジャガイモ
　…1個(150g)
サラダ油…小さじ2
赤唐辛子(輪切り)…1本
ニンニク(薄切り)…1かけ
A │ 酢…大さじ1/2
  │ 塩、コショウ、
  │ うま味調味料
  │ 　…各少し
パセリ(みじん切り／あれば)…適量

1. ジャガイモは皮をむき、ピーラーなどで薄切りにしてから千切りにする。
2. フライパンにサラダ油をひいて中火にかけ、赤唐辛子とニンニクを入れて炒め、香りが立ったら1とAを加えてさっと炒める。
3. 器に盛り、あればパセリを散らす。

夏

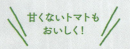
甘くないトマトも
おいしく！

スイーツトマト

甘味やうま味がイマイチだったり、酸味が強いトマトでも、
超簡単においしいトマトに変身します。塩で食べても

材料（2人分）
トマト…中2個
砂糖…小さじ2
青ジソ（千切り）…2枚
ポン酢（好みで）…適量

1 トマトは食べやすい大きさに切り、砂糖をまぶして冷蔵庫に入れ、1〜2時間おく。

2 器に盛り、青ジソをのせ、好みでポン酢をかける。

Twitterコメント
体調が優れないときにも
ほっこりできる晩ご飯。
青ジソの代わりに塩昆布
をのせていただきました
（うに子さん）

超簡単でおしゃれなアンティパスト
ズッキーニのフラワーカルパッチョ

材料（2人分）
ズッキーニ…1本
A｜塩、黒コショウ、オリーブオイル、粉チーズ…各適量

1. ズッキーニは薄い輪切りにし、器に花のように並べ、Aをふる。

味がしみてご飯がすすむ！
ナスの揚げ浸し香味おろし

材料（2人分）
ナス…5本
揚げ油…適量
A｜大根（すりおろす）…1/6本
　｜ショウガ（千切り）…1かけ（10g）
　｜長ネギ（小口切り）…1/4本
　｜水…1/2カップ
　｜めんつゆ（3倍濃縮）…大さじ3強
　｜ゴマ油…大さじ1強
七味唐辛子…適量
万能ネギ（小口切り／あれば）…適量

1. ナスはヘタを除き、斜めに切り込みを入れる。縦、横に切って4等分にし、水気をふいて180℃の揚げ油で素揚げにする。
2. Aを合わせ、1を熱いうちに加えてそのまま少し冷ます。
3. 器に盛り、七味唐辛子をふる。あれば万能ネギを散らす。

たっぷりのニンニクを効かせて
モロヘイヤとイカの
ペペロンチーノ炒め

材料（2人分）
モロヘイヤ…1束
スルメイカ…1/2杯
オリーブオイル…大さじ2
ニンニク（みじん切り）…2かけ
赤唐辛子（半分に切る）…2本
塩、コショウ…各適量

1. モロヘイヤはざく切りにする。イカは内臓を取り除いて胴体を輪切りにする。ゲソは吸盤を取って食べやすい大きさにぶつ切りする。
2. フライパンにオリーブオイルをひいてニンニク、赤唐辛子を炒め、香りが立ったらイカをさっと炒め、モロヘイヤも加えて炒め、塩、コショウで味をととのえる。

秋

> Twitterコメント
> 野菜が甘くて最高においしい〜。家族みんな大好きな味です。次の日の分も作り置きしています
> （紫陽花さん）

シャキシャキの根菜と
チーズのコク！

チーズきんぴら

3種の根菜を甘辛く炒めたきんぴらに、ゴマとチーズが合うんです！
市販のきんぴらにかけるだけでも、おいしさがアップ

材料（つくりやすい分量）
レンコン、ニンジン
　…各½個（各100g）
ゴボウ…1本（100g）
サラダ油…大さじ2
A｜しょうゆ、白だし
　　…各大さじ1⅓
　　みりん、酒…各大さじ1
B｜すりゴマ（白）…大さじ2
　　粉チーズ…大さじ4
　　黒コショウ…適量

1 レンコンは皮をむいて半月切りにし、酢水（分量外）にさらして水気をきる。ニンジンは半月切りに、ゴボウは皮をこそげて千切りにする。

2 フライパンにサラダ油をひいて中火にかけ、1を入れて炒め、全体に油が回ったら、Aを加えて煮詰める。

3 器に盛り、Bを順にふる。

おやつ感覚でパクパクすすむ!
サトイモチーズもち

材料（つくりやすい分量）
サトイモ（皮をむく）…300g（正味）
A ｜ 粉チーズ…大さじ5
　｜ 顆粒コンソメ…小さじ1
　｜ 塩、コショウ…各適量
粉チーズ…適量
オリーブオイル…大さじ1
万能ネギ（小口切り／あれば）…適量

1 サトイモはやわらかくゆでてボウルに入れ、Aを加えてよく混ぜながらフォークなどでつぶす。

2 食べやすい大きさの小判形に整形し、表面に粉チーズをまぶす。

3 フライパンにオリーブオイルをひいて中火にかけ、2を両面焼いて焼き目をつける。あれば万能ネギを散らす。

材料（2人分）
サツマイモ…½本（200g）
強力粉（なければ薄力粉）…大さじ2
揚げ油…適量
バター…10g
塩、はちみつ…各適量

1 サツマイモは8mm角の棒状に切り、強力粉をまぶす。

2 フライパンに揚げ油を入れて中火にかけ、1をこんがり色づくまで揚げ焼きにする。

3 油をきってボウルに入れ、バターと塩を加えてあえる。器に盛り、はちみつをかける。

甘じょっぱさがクセになる!
ハニバタ
フライドサツマ

サクサクの食感とキノコのうま味
エノキダケのから揚げ

材料（2人分）
エノキダケ…1袋
から揚げ粉…大さじ2
揚げ油…適量
塩、コショウ…各適量

1 エノキダケは根本を除き、1本ずつバラバラにして、から揚げ粉をまぶす。

2 180℃に熱した揚げ油に1を入れ、こんがりと色づくまで揚げ、油をきって塩、コショウをふる。

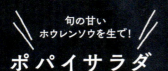

ポパイサラダ

旬の甘いホウレンソウを生で！

冬

ホウレンソウは切って水に長めにつければ、シュウ酸が抜け、生で食べられます。香ばしいピーナツをプラスして！

材料（2人分）
ホウレンソウ…1/2束
オリーブオイル…大さじ2
ニンニク（薄切り）…1かけ
ベーコン（5mm幅に切る）…50g
A　顆粒コンソメ…小さじ1/2
　　レモン汁…小さじ1
　　塩、コショウ…各適量
　　ピーナツ（刻む）…大さじ1

1 ホウレンソウはざく切りにし、水（分量外）に約30分さらして水気をきる。

2 フライパンにオリーブオイルをひいて中火にかけ、ニンニクとベーコンを炒める。

3 ボウルに1を入れ、2とAを加えてあえる。

> Twitterコメント
> サラダなど褒めたこともないウチの男子が「これうまっ」ってなった。レモンがポイント！（ななこさん）

たっぷりの日本酒で大人味
白菜の重ね日本酒蒸し

材料（2人分）
白菜…1/4個
豚バラ薄切り肉…250g
A｜日本酒…1カップ
　｜白だし…大さじ2
ポン酢、塩…各適量

1. 白菜と豚肉は、それぞれ5cm長さに切り、フライパンの中に交互に重ねる。
2. Aを加えてフタをし、中火にかける。煮立ったら火を弱め、白菜が透きとおるまで約20分煮る。
3. 器に盛り、ポン酢か塩を添える。

ニンニクとゴマ油で韓国風に
チョレギ春菊

材料（2人分）
春菊…1束
A｜しょうゆ…小さじ1
　｜砂糖…小さじ1/3
　｜ニンニク（すりおろす）
　｜　…小1/2かけ
　｜ゴマ油…大さじ1
　｜塩、うま味調味料
　｜　…各適量
いりゴマ（白）…適量

1. 春菊は食べやすく切り、水（分量外）にさらしてパリッとさせ、水気をよくきる。
2. 1をボウルに入れてAを加えて混ぜ、器に盛ってゴマをふる。

バターでこんがり焼きつけて！
大根ステーキ

材料（つくりやすい分量）
大根…1/2本
A｜水…5カップ
　｜白だし…60cc
　｜塩…適量
B｜しょうゆ、みりん、
　｜ブランデー（または酒）
　｜　…各大さじ2
　｜砂糖、うま味調味料…各少し
　｜ニンニク（すりおろす）…1かけ
大根おろし（水気を絞る）
　…50g
小麦粉…適量
バター…50〜60g
コショウ…少し

1. 大根は皮をむいて2〜3cm厚さの輪切りにし、Aとともに鍋に入れて火にかけ、煮立ったら火を弱めて約1時間、大根が透きとおるまで煮て、そのまま冷ます。
2. 小鍋にBを入れて中火にかけ、アルコールを飛ばして火を止め、大根おろしを加える。
3. 1の大根を取り出して水気をふき、両面に小麦粉を厚めにまぶす。フライパンにバター（大根1切れにつき10g）を入れて中火にかけ、バターをときどきかけながら大根を焼く。器に盛り、2のソース、コショウをかける。

サラダ

Twitterコメント
半量で作ったんだけど味見で全部食べました。ちょっと時間が経つと、どんどん馴染んでおいしい！（モチイブキさん）

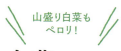
山盛り白菜も
ペロリ！

白菜のコールスロー

中毒性のある味なのでご用心。ベーコンの代わりに、
ツナやハムでも。白菜の水気をしっかり絞ると、味が決まります

材料（2人分）
白菜…¼個
塩…小さじ1弱
サラダ油…小さじ1
ベーコン（5mm幅に切る）…40g

A マヨネーズ…大さじ3
　 白だし…小さじ1強
　 すりゴマ（白）…小さじ2
　 ニンニク（すりおろす）…⅓かけ
　 塩、コショウ…各適量

1 白菜は細めの千切りにしてザルに入れ、塩をまぶして約5分おき、水気をよく絞る。

2 フライパンにサラダ油をひいて中火にかけ、ベーコンを炒める。

3 ボウルに1と2、Aを入れてよく混ぜる。

コスパ満点で食べごたえあり
カニかまと しらたきの和風 辛子マヨサラダ

材料（2人分）
カニ風味かまぼこ… 1パック（80g）
しらたき… 1パック（180g）
A ｜ マヨネーズ…大さじ2½
　｜ 白だし…小さじ1弱
　｜ 練り辛子…小さじ½
塩、コショウ…適量
万能ネギ（小口切り）…適量

1 しらたきは下ゆでして食べやすい大きさに切ってボウルに入れる。

2 カニかまをほぐして加え、Aを加えて混ぜ、塩、コショウで味をととのえる。器に盛り、万能ネギを散らす。

黄色×緑の彩りもきれい！
デパ地下風 ブロッコリーと卵 のツナマヨサラダ

材料（2人分）
ブロッコリー… 1個
ゆで卵… 2個
ツナ缶… 1缶（汁気を切る／80g）
マヨネーズ…大さじ3
うま味調味料…少し
塩、コショウ…各適量

1 ブロッコリーは小房に分け、約2分30秒塩ゆでし、ざるに上げて粗熱を取り、水気をきる。

2 ボウルに1とほかの材料をすべて入れ、フォークなどでつぶしながら混ぜる。

さわやかな香りを丸ごと！
パクチーサラダ

材料（2人分）
パクチー… 1〜2束（150g）
A ｜ ナンプラー、ゴマ油…各大さじ2
　｜ レモン汁…小さじ1強
　｜ 砂糖…小さじ½
　｜ うま味調味料…少し
　｜ コショウ、一味唐辛子…各適量

1 パクチーは食べやすい大きさに切ってボウルに入れ、Aを加えて混ぜる。

●水菜や三つ葉でもおいしい！

生野菜が無限に食べられる
魔法のドレッシング

分量をきちんと量るのがポイント。冷蔵庫で約5日間保存できます

材料とつくり方（約2カップ分）
タマネギとニンジン各35g、ニンニク4g、卵L1個をブレンダーかミキサーでかくはんし、ペースト状にする（ブレンダーかミキサーがなければ野菜をすりおろしてよく混ぜる）。すりゴマ（白）15g、うま味調味料4g（小さじ1弱）、コショウ少し、しょうゆ55mlを加えてさらにかくはんし、ヒマワリ油210mlを少しずつ加えてかくはんする。

ヒマワリ油がおいしさの秘密！

豆腐
練り物

Twitterコメント

夜11時なのにお腹空いたから作った！ 豆腐だからヘルシーでおいしい（六川浩之さん）

糖質オフでダイエット中にも!

豆腐のナポリタン

洋風マーボーのイメージで、パクパク食べられちゃう一皿。
豆腐はくずし、ソースによくなじませて召し上がれ

材料（2人分）
豆腐（絹ごし）…1丁（350g）
ベーコン…80g
マッシュルーム…½パック
タマネギ…½個
ピーマン…1個
サラダ油…小さじ1

A | 水…¾カップ
　| トマトケチャップ…大さじ1
　| 顆粒コンソメ…小さじ2
　| 塩、コショウ…各適量
ピザ用チーズ…100g

1 ベーコンは5mm幅に切り、マッシュルームとタマネギは薄切りにする。ピーマンは半分に切ってヘタと種を除き、細切りにする。

2 フライパンにサラダ油をひいて中火にかけ、1のベーコン、マッシュルーム、タマネギを炒める。ベーコンに焼き目がついたらAと1のピーマンを加え、煮立てる。

3 豆腐を半分に切って2つの耐熱皿に入れ、2とチーズを半量ずつかけ、トースター（1000W）で約10分加熱する。

いつもの冷ややっこが華やかに
シラスサルサ冷ややっこ

材料（2人分）
豆腐（絹ごし）…1丁（350g）
トマト…1個
塩…少し
A｜シラス…30g
　｜オリーブオイル…大さじ1
　｜昆布茶…小さじ1
　｜塩、コショウ…各適量
パセリ（みじん切り／あれば）…適量

1 豆腐はペーパータオルに包んで皿などをのせて重しをし、約20分おいて水きりする。トマトはダイス状に切り、ザルに入れて塩をまぶして水分を抜く。

2 ボウルに1のトマトを入れ、Aを加えて混ぜる。

3 器に1の豆腐を盛り、2をかける。あればパセリを散らす。

揚げるだけで別次元のうまさ
絹厚揚げ

材料（2人分）
豆腐（絹ごし）…1丁（350g）
揚げ油…適量
A｜万能ネギ（小口切り）、ポン酢、
　｜七味唐辛子…各適量

1 豆腐はペーパータオルに包んで皿などをのせて重しをし、約20分おいて水きりする。

2 200℃の揚げ油で1を揚げ、表面全体がキツネ色になったら取り出して油をきる。

3 器に盛り、Aをかける。

3種類の味が楽しめる!
フレンチ油揚げ

材料（2人分）
油揚げ…3枚
A | 卵（溶きほぐす）…3個
　| 白だし…小さじ1
ハム、スライスチーズ…各2枚
B | ツナ缶…1缶（汁気を切る／80g）
　| マヨネーズ…大さじ2
　| 白だし…少し
納豆…1パック
サラダ油…大さじ1
パセリ（みじん切り／あれば）…適量

1 油揚げは熱湯（分量外）をさっと回しかけて油抜きし、半分に切って中を袋状に開く。これをAを合わせた卵液に、袋の中までまんべんなく浸す。

2 1の6枚の袋の中に、ハムとチーズ、Bを合わせたツナマヨ、付属のタレを加えて混ぜた納豆の3種の具材をそれぞれ2等分して詰める。

3 フライパンにサラダ油をひいて中火にかけ、2の表面に焼き目がつくまで両面焼く。あればパセリを散らす。

電子レンジでチンするだけ!
はんぺんの
バターしょうゆ
ピザ

材料（2人分）
はんぺん…大1枚（120g）
バター…5g
A | しょうゆ…小さじ1/2
　| うま味調味料…少し
ハム…2枚
スライスチーズ…4枚
コショウ…適量
パセリ（みじん切り／あれば）…適量

1 バターは電子レンジ（600W）で約20秒加熱してやわらかくする。

2 はんぺんに1を塗ってAをかけ、ハム、チーズをのせる。

3 電子レンジ（600W）で2分30秒〜3分加熱し、チーズが溶けたら取り出してコショウをふる。あればパセリを散らす。

スープ

Twitterコメント
ごはんを入れてリゾット風にしてもおいしい♡ 彼も「これ考えた人、天才」と大絶賛！（kimiyoさん）

野菜のうま味に驚き！

丸ごとニンジンの食べるスープ

ニンジンそのものの持つうま味と甘味に驚くおいしさ。
ナスやジャガイモ、カボチャなどでもつくれます

材料（2人分）
ニンジン…2本（300g）
オリーブオイル…大さじ2
ニンニク（みじん切り）…2かけ
A｜水…1¾カップ
　　顆粒コンソメ…大さじ1強
　　塩、コショウ…各適量

1 ニンジンは洗い、濡れたままラップに包み、電子レンジ（600W）で8〜10分、竹串がすっと通るまで加熱し、ヘタを除く。

2 フライパンにオリーブオイルを入れて中火にかけ、ニンニクを炒める。1とAを加え、ヘラでニンジンが細かくなるまでつぶしながら煮る。

関西風汁物を手軽に
豚の肉吸い風

材料（2人分）
豚バラ薄切り肉…200g
A｜水…3½カップ
　｜白だし…大さじ4
　｜酒…大さじ2
　｜みりん…大さじ1⅓
卵…2個
薄口しょうゆ（またはしょうゆ）
　…小さじ2
豆腐（絹ごし／1.5cm角に切る）
　…1丁（350g）
万能ネギ（小口切り）…適量
七味唐辛子…少し

1 豚肉は食べやすい大きさに切り、Aを煮立てた鍋に入れ、弱火で煮て火をとおし、アクを除く。卵を入れて半熟になったらしょうゆを加える。

2 別の鍋に湯（分量外）を沸かし、豆腐を入れて温める。

3 器に2を盛り、1を注いで万能ネギを散らし、七味唐辛子をふる。

疲れた胃袋にもやさしい味わい
ショウガと大根おろしのスープ

材料（2人分）
大根…¼本
ショウガ…1かけ（10g）
A｜水…3カップ
　｜中華調味料（ペースト）
　｜　…小さじ2弱
ラー油（好みで）…適量
パセリ（みじん切り／あれば）…適量

1 大根とショウガはすりおろし、鍋に入れてAを加え、中火にかける。煮立ったら火を弱め、2～3分煮る。

2 器に盛り、好みでラー油をたらし、あればパセリをふる。

ランチョンミートで食べごたえ満点
沖縄風みそ汁

材料（2人分）
白菜…1/8個（300g）
ランチョンミート缶…1缶（200g）
A｜水…3 1/2カップ
　｜白だし…大さじ3
モヤシ…1袋
みそ…大さじ2
卵…2個
万能ネギ（小口切り／あれば）…適量

1 白菜、ランチョンミートは食べやすい大きさに切る。

2 鍋にAを入れて煮立て、1とモヤシを入れる。

3 具に火がとおったらみそを溶き混ぜ、卵を入れて半熟になったら火をとめる。あれば万能ネギを散らす。

水を使わずにつくる濃厚な味わい
クラムチャウダー

材料（2人分）
アサリ（砂抜きする）…300g
ニンジン…1/2本
タマネギ…1個
ジャガイモ…1個
好きなキノコ（エリンギ、
　シメジ、マッシュルームなど）
　…1/2パック分
ベーコン…100g
バター…40g
塩…少し
白ワイン…1/2カップ
クラッカー…25g
A｜牛乳…2 3/4カップ
　｜顆粒コンソメ…大さじ1
生クリーム…1/2カップ
パセリ（みじん切り／あれば）
　…適量

1 ニンジン、タマネギ、ジャガイモは1cm角に切る。マイタケは食べやすい大きさに裂く。ベーコンは5mm幅に切る。

2 鍋にバターを入れて中弱火にかけ、1を入れて塩をふり、炒める。

3 別の鍋にアサリと白ワインを入れて中火にかけてフタをし、殻が開いたら殻をはずす。

4 2にクラッカーを砕いて入れ、Aと3の煮汁を加え、煮立ったら生クリーム、3のアサリを加えて火をとめる。器に盛り、あればパセリを散らす。はずしたアサリの殻を数個飾る。

財布にもやさしい

低コスト、高パフォーマンス！
ペッパーモヤシ

材料（2人分）
モヤシ…1袋
ベーコン…60g
オリーブオイル…大さじ1強
ニンニク（みじん切り）…2かけ
顆粒コンソメ…小さじ2
しょうゆ…少し
塩、コショウ…各適量
パセリ（みじん切り／あれば）
　…適量

1. ベーコンは5mm幅に切る。フライパンにオリーブオイルをひいて中火にかけ、ニンニクを炒め、香りが立ったらベーコンを加えて炒める。

2. モヤシを加え、コンソメも加えて炒める。全体がなじんだらしょうゆを鍋肌にたらし、塩で味をととのえ、コショウをたっぷりふる。

3. 器に盛り、あればパセリを散らす。

冷めてもおいしい中華風蒸し炒め
ひすいキュウリの酒蒸し

材料（2人分）
キュウリ…3本
サラダ油…大さじ1½
ニンニク（薄切り）…2かけ
A｜酒…大さじ1½
　｜中華調味料（ペースト）
　　…小さじ½
塩、コショウ…各適量

1. キュウリは皮をむき、斜め切りにする。

2. フライパンにサラダ油をひいて中火にかけ、ニンニクを炒めて香りが立ったら1を加え、さっと炒める。Aを加えてフタをし、1〜2分蒸したら塩、コショウで味をととのえる。

バターとにんにくでコクをプラス
ガリバタちくわ

材料（2人分）
ちくわ（中）…3本
バター…10g
ニンニク（すりおろす）…½かけ
A | しょうゆ、酒、みりん
　　…各大さじ1
　| うま味調味料…少し
コショウ…適量
万能ネギ（小口切り）…適量

1. ちくわは8mm幅の斜め切りにし、フライパンにバターを入れて中火にかけ、軽く焼き目がつくまで炒める。

2. ニンニクを加えてさっと炒め、Aを加えて水分がなくなるまで炒め、コショウをふる。器に盛り、万能ネギを散らす。

ゴマ油の風味でコクアップ
ネギ塩焼きこんにゃく

材料（2人分）
こんにゃく…1枚
長ネギ…½本
A | ゴマ油…大さじ3
　| 塩、うま味調味料…各小さじ½
　| コショウ…適量
ゴマ油…小さじ1
万能ネギ（小口切り）、七味唐辛子
　…各適量

1. こんにゃくは下ゆでし、表裏の表面に格子状の切り込みを入れる。

2. 長ネギはみじん切りにして水にさらし、水気をきってAと混ぜる。

3. フライパンにゴマ油をひいて中火にかけ、1の両面をしっかり焼きつける。食べやすく切って器に盛り、2と万能ネギ、七味唐辛子をかける。

ふわとろ! 卵レシピ ベスト5

半熟の黄身がトロ〜ッととろけるおいしさも、
しっかり焼いてふわっと広がる食感も、ほかの何にも代えがたい幸せ!
とびっきりのベスト5をご紹介します

Twitterコメント
これは悪魔の実……♡
(亜矢さん)

> ホクホクコロッケ×
> トロトロ卵が絶妙

スコッチエッグ風コロッケ

卵とジャガイモは最高の相性！ 黄身がトロッと
溶け出す、ゆるい半熟卵をつくるのがポイント

材料（4個分）
卵…4個
ジャガイモ…3個（正味450g）
A ｜ 牛脂…2個
　　　（なければサラダ油
　　　…小さじ2）
　　バター…20g

合いびき肉…250g
タマネギ（みじん切り）…1個
B ｜ 顆粒コンソメ…小さじ2
　　塩、コショウ…各適量
C ｜ 卵（溶きほぐす）…1個
　　小麦粉、パン粉…各適量
揚げ油…適量

1 ジャガイモは皮をむいて一口大に切って耐熱ボウルに入れ、ラップをして電子レンジ（600W）で約3分加熱し、全体を混ぜてからさらに約3分加熱してやわらかくし、つぶす。鍋に湯（分量外）を沸かし、冷たい卵を入れて5分30秒ゆでて冷水につけ、ゆるい半熟卵をつくる。

2 フライパンにAを入れて中火にかけ、ひき肉とタマネギを炒めてBで調味する。これを1のボウルに加え、混ぜる。

3 1の卵の殻をむいて2で包み、Cを順につけ、180℃の揚げ油でこんがりと揚げる。

クリームチーズたっぷりの
マッシュポテトで
ハムチーズ エッグスラット

材料（2人分）
卵…2個
ジャガイモ…1個（正味150g）
A ｜ クリームチーズ…100g
　｜ 顆粒コンソメ
　｜ 　…小さじ½
　｜ ハム（1cm角に切る）…4枚
　｜ 塩、コショウ…各適量
コショウ、パセリ（みじん切り／あれば）…各適量
クラッカー（またはパン）…適量

1 ジャガイモは皮をむいて適当な大きさに切って水からゆで、竹串がすっと通るくらいになったら湯を捨てる。Aを加え、弱火にかけてジャガイモをつぶしながら混ぜる。

2 耐熱の器2つに1を半量ずつ入れて卵を1つずつ割り入れる。

3 鍋に2の器を入れ、湯（分量外）を器の半分の高さまで注いでフタをして弱火にかけ、卵が半熟になるまで蒸す。器ごと取り出してコショウとあればパセリをふり、クラッカーを添える。

マヨネーズとベーコンでコクアップ！
カルボエッグ

材料（2人分）
卵…3個
ベーコン…35g
A ｜ マヨネーズ…大さじ3
　｜ 塩、コショウ、粉チーズ
　｜ 　…各少し
パセリ（みじん切り）、パプリカパウダー（あれば）…各適量

1 鍋に湯（分量外）を沸かし、卵を入れて約15分ゆでてかたゆでにする。ベーコンは5mm角に切り、フライパンにサラダ油小さじ1をひいて中火にかけ、炒める。

2 1のゆで卵を半分に切り、黄身を取り出してボウルに入れ、Aと1のベーコンを加えて混ぜる。

3 白身に味つけした黄身を戻し、あればパセリとパプリカパウダーをふる。

ご飯のおかずにもぴったり！
お好み焼き風卵焼き

材料（2人分）
卵…3個
豚バラ薄切り肉…100g
サラダ油…小さじ2
キャベツ（千切り）…1/4個
塩、コショウ…各適量
A｜白だし、マヨネーズ
　　…各小さじ1
カツオ節、青のり、ソース、
　紅ショウガ…各適量

1 フライパンにサラダ油をひいて中火にかけ、豚肉を炒める。キャベツも加えて炒め、塩、コショウをふる。

2 ボウルに卵を入れて溶きほぐし、Aを加えて混ぜる。1のフライパンに流し入れて火を弱め、フタをして焼き固める。

3 器に盛り、カツオ節と青のりをふり、ソースをかけて紅ショウガを添える。

5分でつくれる朝食！夜ならワインに
マッシュルームの卵とじ

材料（2人分）
卵（溶きほぐす）…3個
マッシュルーム…1パック
バター…10g
塩…適量
A｜顆粒コンソメ…小さじ2
　｜水…120ml
　｜黒コショウ…適量
粉チーズ（好みで）…適量
パセリ（みじん切り／あれば）
　…適量

1 マッシュルームは厚めにスライスする。フライパンにバターを入れて中火にかけ、マッシュルームを入れて塩をふり、炒める。

2 1がしんなりしたらAを加え、沸騰したら溶き卵を加えて軽く混ぜ、好みで粉チーズをふる。

3 器に盛り、あればパセリを散らす。

\忙しい人必見のテク!/

保存を制する者は自炊を制す

遅く帰った日でも、冷凍肉を素早くおいしく解凍するテクを知っていたり、使いやすく切って保存した食材があれば、あっという間に料理が完成。自炊が面倒にならず、おいしく、安く、家ごはんを楽しめるはずです!

肉の超スピード解凍術

\冷凍肉は、電子レンジ解凍が早くてうまい!/
\20～30秒ずつに分けて様子を見ながら/

1 肉は1回に使う分ずつラップに包んで(さらにファスナーつき保存袋に入れると、より◎)冷凍する。

2 使うときはラップごと電子レンジ(600W)で20～30秒加熱し、表裏を返してさらに20～30秒加熱する。これを数回繰り返し、300gで合計1分40秒～2分ぐらいを目安に加熱する。

3 手の甲で触れてみて、人肌ぐらいに温まればOK。この状態ですぐ調理する。

キノコの便利な冷凍術

\キノコは冷凍でうま味がアップ!/
\そのまま炒めたりスープに入れてフル活用/

1 シメジ、シイタケ、エリンギなど、好みのキノコは石づきを除き、使いやすい大きさに切る。

2 ファスナーつき保存袋に入れて冷凍。使い道によって、種類ごとに分けても、数種類まとめてキノコミックスにしても。

3 炒め物やスープなど、使いたいときに冷凍庫から出して、そのまま加熱調理する。

すぐ使える薬味の冷凍術

\パセリや万能ネギは切って冷凍しておくと/
\彩りにすぐ使えます。よく乾燥させてから冷凍を/

パセリはみじん切りにする(あればフードプロセッサーを使うとラク)。万能ネギは小口切りにする。皿などにペーパータオルを2、3枚重ねた上にそれぞれ広げ、半日おいて乾燥させてからファスナーつき保存袋に入れ、冷凍する。

PART 4

〉 呑みすぎ必至! 〈

居酒屋風レシピ

やっぱり料理の楽しみはこれ！ 酒に合うつまみをササッとつくって
グビグビ、またはチビチビと……。ビール、ワイン、日本酒に合うレシピから、
火を使わない小皿までを厳選。呑みすぎの苦情は受けつけません（笑）

ビールがすすむ
つまみ

なすの白だし
バター炒め
→ P.70

簡単タイ風
エビパン
→ P.70

サバ缶の
オイルサーディン
➡ P.71

長イモの
ジャーマンポテト
➡ P.71

たっぷりのナスもペロリ！
ナスの白だしバター炒め

材料（2人分）
ナス…3本
バター…25g
白だし…小さじ1½
塩…少し

1 ナスは縦半分に切って斜め薄切りにする。

2 フライパンにバターを入れて1を炒め、白だし、塩を加えてしんなりするまで炒める。

香ばしさ満点のアジアン風味
簡単タイ風エビパン

材料（2人分）
エビ（殻つき）…150g
タマネギ…小½個
ゴマ油…大さじ1
卵…1個
A｜ナンプラー…大さじ½
　｜塩、コショウ…各適量
食パン（8枚切り）…3枚
片栗粉、揚げ油…各適量

1 エビは殻と尾と背ワタを除き、みじん切りにする。タマネギはみじん切りにし、フライパンにゴマ油をひいて炒める。

2 ボウルに卵を割りほぐし、1のエビと炒めたタマネギ、Aを加えて混ぜる。

3 食パンは対角線上に包丁を入れて半分に切り、片面に片栗粉をまぶして、2を6等分にしてのせる。

4 フライパンに揚げ油を入れて中火にかけ、3を両面キツネ色になるまで揚げ焼きにする。

材料（2人分）
サバ水煮缶…1缶(140g)
オリーブオイル、サラダ油…各適量
A ｜ ニンニク(すりおろす)…1かけ
　｜ 赤唐辛子(種を除く)…1本
　｜ コショウ…適量
うま味調味料…少し
しょうゆ…大さじ½
万能ネギ(小口切り)…適量

缶ごと調理で早い！ うまい！

サバ缶の
オイルサーディン

1. サバ缶は中の汁を捨て、オリーブオイルとサラダ油1：1で満たし、Aを入れる。
2. コンロに焼き網をのせ、1の缶をのせて火にかける。
3. 煮立ったらうま味調味料としょうゆをかけ、火を止めて万能ネギを散らす。

**シャキホクの食感に
バターのコクをプラス**

長イモの
ジャーマンポテト

材料（2人分）
長イモ…10cm(200g)
ベーコン…60g
オリーブオイル…大さじ1
ニンニク(みじん切り)…1かけ
バター…10g
しょうゆ…大さじ½
顆粒コンソメ…小さじ½
塩、黒コショウ…各適量

1. ベーコンは5mm幅に切る。フライパンにオリーブオイルをひいてニンニクを炒め、香りが立ったらベーコンを加えて炒め、取り出す。
2. 長イモは皮をむいて1cm幅の半月切りにする。
3. 1のフライパンをさっとふいてバターを熱し、2を炒める。全体に焼き色がついたらしょうゆ、コンソメを加え、1も加えて塩、黒コショウで味をととのえる。

ワインがすすむ
つまみ

クリチハニーカナッペ
→ P.74

ガーリックシュリンプ
→ P.74

生ハムの
クリームコロッケ
➡ P.75

ブルーチーズポテサラ
➡ P.75

はちみつの甘味がマッチ!
クリチハニーカナッペ

材料(2人分)
クリームチーズ…100g
ニンニク(すりおろす)…1かけ
塩…小さじ1/3
クラッカー…8枚
はちみつ、黒コショウ…各適量
パセリ(みじん切り)…適量

1 クリームチーズは常温に戻してボウルに入れ、ニンニク、塩を加えてよく混ぜる。

2 クラッカーに1を等分にしてのせ、はちみつと黒コショウをかけ、パセリを散らす。

クルクルッとした形もかわいい!
ガーリックシュリンプ

材料(2人分)
エビ(殻つき)…10尾
片栗粉、塩、昆布茶…各適量
サラダ油…大さじ3
ニンニク(みじん切り)…2かけ
赤唐辛子(輪切り)…1本

1 エビは殻と背ワタを除き、片栗粉と塩をつけてもみ洗いし、尾の部分をつなげたまま縦半分に切り込みを入れる。塩、昆布茶をふって少しおく。

加熱するとクルクルに!

2 フライパンにサラダ油をひいて弱火にかけ、ニンニク、赤唐辛子を入れて香りが立ったら1を加え、エビが赤く色づいたら火を止める。

生ハムのうま味を閉じ込めて
生ハムの
クリームコロッケ

材料（つくりやすい分量・6個分）
生ハム…80g
生クリーム…1/4カップ
小麦粉、バター…各50g
牛乳…1 1/2カップ
塩…少し
A｜小麦粉、パン粉…各適量
　｜卵（溶きほぐす）…1個
揚げ油…適量
レモン汁、タバスコ（好みで）…適量

1 フライパンにバターを入れて弱火にかけ、小麦粉を加えて炒める。牛乳を数回に分けて加えてのばし、生クリームも加えてベシャメルソースをつくる。

●ベシャメルソースをつくるとき、あらかじめ牛乳を電子レンジ（600W）で約1分加熱し、温めておくとダマになりにくい。

2 生ハムを食べやすい大きさにちぎって加え、塩で味をととのえる。バットに流して平らにのばし、冷蔵庫で約1時間冷やし固める。

3 6等分して俵形に整形し、Aの小麦粉、溶き卵、パン粉を順につけ、180℃に熱した揚げ油で色よく揚げる。好みでレモン汁、またはタバスコをかける。

シンプルリッチな味わい
ブルーチーズポテサラ

材料（2人分）
ジャガイモ…2個（300g）
ベーコン…60g
オリーブオイル…大さじ1強
ブルーチーズ…70g
塩、黒コショウ…各適量
はちみつ（好みで）…適量

1 ジャガイモは皮をむいて一口大に切って耐熱容器に入れ、ラップをして電子レンジ（600W）で約4分加熱し、フォークでざっとつぶす。

2 ベーコンは5mm幅に切り、フライパンにオリーブオイルをひいて炒める。

3 ボウルに1、2とブルーチーズを入れて混ぜ、塩、黒コショウで味をととのえる。好みではちみつをかける。

日本酒がすすむ
つまみ

おでん
→ P.78

黄金比率のつゆで味がピタリと決まる！
おでん

材料（つくりやすい分量・4～6人分）
好みの具材（大根、ゆで卵、タコ、ちくわ、こんにゃく、さつま揚げなど）…適量
A | 水…2ℓ
　 | 白だし…140㎖
　 | オイスターソース…大さじ2
　 | 塩…小さじ1

1 大根は皮をむいて3～4㎝厚さに切る。鍋に入れてたっぷりの水（分量外）を加えて火にかけ、沸騰したら火を弱めて約30分ゆでる。

2 鍋に1とその他の具材、Aを入れて火にかけ、沸騰したら火を弱めて約1時間煮る。

ポリポリグビグビが止まらない！
揚げそば

材料（つくりやすい分量）
そば（乾麺）…80g
揚げ油…適量
塩、コショウ…各適量

1 フライパンに揚げ油を入れて中火で約180℃に温め、そばを入れてこんがり色づくまで約1分揚げて取り出し、油をきって塩、コショウをふる。

材料（2人分）
レンコン…½個（100g）
枝豆（ゆでてサヤから
　出したもの）…50g
A｜ツナ缶…½缶
　　（汁気を切る／40g）
　　マヨネーズ…大さじ1強
　　白だし、練り辛子
　　…各小さじ½
塩、コショウ…各適量

混ぜるだけでめっちゃ簡単
枝豆とレンコンの辛子あえ

1 レンコンは皮をむいて薄切りにして鍋に入れ、たっぷりの水と酒少しを加えて中火にかけ、沸騰したら弱火にして2〜3分煮て火を止める。

2 1のレンコンをボウルに入れ、枝豆、Aを加えて混ぜ、塩、コショウで味をととのえる。

辛党酒飲み大歓喜！
シラス七味ユッケ

材料（2人分）
シラス…60g
酒…大さじ½
A｜みりん…大さじ½
　　七味唐辛子、ゴマ油
　　…各小さじ1
　　塩…少し
卵黄…1個

1 耐熱容器に酒を入れ、電子レンジ（600W）で約1分加熱し、アルコール分を飛ばす。

2 シラスと1、Aを混ぜて器に盛り、卵黄をのせる。

火を使わない！小皿4品

ササッとつくって1杯！
長イモ千切りの温玉添え

材料（2人分）
長イモ…約7㎝（140g）
温泉卵…2個
カツオ節、万能ネギ（小口切り）
　…各適量
みりん（レンジに30秒かけてアルコール分を飛ばす）…小さじ2
A｜水…1/4カップ
　｜白だし…大さじ1 1/3

1 長イモは皮をむいて千切りにし、器に盛る。

2 温泉卵をのせ、カツオ節、万能ネギを散らし、みりん、Aを合わせたタレをかける。

ゴマの風味とニンニクが決め手
ワカメのやみつきナムル

材料（2人分）
カットワカメ（乾燥）…20g
A｜ゴマ油…大さじ2
　｜ニンニク（すりおろす）…1かけ
　｜塩、コショウ、うま味調味料
　｜　…各適量
すりゴマ（白）…適量

1 ワカメは約5分水につけて戻し、水気をしっかりきってボウルに入れ、Aを加えて混ぜる。

2 器に盛り、すりゴマをふる。

味がしみてクセになる!
たたきキュウリの シラスあえ

材料(2人分)
キュウリ…3本
塩…適量
A│シラス…35g
 │中華調味料(ペースト)
 │　…小さじ1
 │コショウ…適量

1 キュウリは両端を切り落とし、めん棒などでたたいて食べやすい大きさにちぎってボウルに入れ、塩をまぶして約5分おく。

2 水気を絞り、Aを加えて混ぜる。

漬けておくだけだから 常備つまみにも
ウズラの ソース味玉

材料(2人分)
ウズラ卵水煮…1パック(6個)
A│ウスターソース…¼カップ
 │白だし…小さじ1弱
 │水…大さじ1⅓
マヨネーズ、七味唐辛子(各好みで)
　…各適量

1 ウズラ卵はポリ袋などに入れ、Aを加えて冷蔵庫に入れ、6時間漬ける。

2 Aの調味液から卵を取り出して器に盛り、好みでマヨネーズと七味唐辛子を添える。

酒と料理と喜んでくれる人と

　僕の料理は、酒に合うものが多い。僕が酒好きだからというのもあるけど、友人たちが、リュウジの家に行けばうまいものと酒があるって遊びに来て、遅くまで一緒に飲んで、そうして生まれたレシピが大部分だから。

　買い出しは、仕事帰りにスーパーへ。その日の特売とか安いものとかを適当に買って帰宅して、さて、どう調理するかな、となる。いまでは僕の代表料理みたいになっている無限湯通しキャベツも、友人を前に安売りのキャベツがあって、千切りするだけじゃゴワゴワして食べにくいよなと思って、湯をかけてみた。それで、冷蔵庫にあったシラスと組み合わせたら、大成功。友人は「うまいうまい」って大喜びで食べてくれて、僕はニヤリ。酒はますます進んで……。

　酒も料理も、一人より、誰かと一緒が断然いい。相手は恋人だったり、家族だったり、人によってさまざまだろうけれど、「おいしい」って喜んでもらえることは、誰にとってもうれしいことなんじゃないかな。

　お調子者の僕は、今日も料理をつくって、仲間と酒を飲み、ツイッターにレシピをつぶやく。そして、「家族がおいしいって食べてくれました」なんてコメントをもらうと、心の中でガッツポーズ。次は何を作って喜んでもらおうかと、楽しい妄想にふけるのです。

PART
5

＼ 一皿完結！ ／

ごはんもの＆麺

忙しい日の夕食やランチには、一皿で肉（魚）も野菜も食べられて
満足感ありの、ごはんものやパスタ、うどんなどの麺がうれしい！
レシピを半量にしてつくれば、一人飯のときにもおすすめです

ごはんもの

Twitterコメント
タマネギはスライサーで
ガシャガシャ切ったから、
まな板も使わなかった。
おいしすぎる(;_;)し
かも早い(腹痛さん)

\\ 煮込み時間が少なく、 //
\\ コスパもよし //

サバカレー

相性のいいサバとトマトの缶詰を使った簡単カレー。
サバはみそ煮缶を使っても、甘味があって違ったおいしさに

材料（2人分）
ご飯…茶碗2杯分
サバ水煮缶…1缶（140g）
タマネギ…1個
サラダ油…大さじ3
A｜トマト缶…1缶（400g）
　｜カレー粉…大さじ2

B｜顆粒コンソメ…小さじ1½
　｜ウスターソース…小さじ2
　｜ニンニク（すりおろす）…1かけ
　｜塩…適量

1 タマネギは薄切りにし、フライパンにサラダ油をひいて中火にかけて炒める。

2 タマネギが透き通ってきたらAを加えて強火にし、トマトの酸味がなくなるまで炒める。

3 2にサバ水煮缶を汁ごと加え、Bも加えて軽く煮込む。全体がなじんだら火を止め、器にご飯とともに盛る。

キノコのうま味炸裂。10分で完成！
爆速キノコカレー

材料（2人分）
ご飯…茶碗2杯分
シメジ、エリンギ、マイタケ
　…各1パック
タマネギ…1個（200g）
サラダ油…大さじ1
バター…20g
水…360mℓ
A ｜カレールウ…2かけ
　　｜はちみつ、顆粒コンソメ
　　｜　…各小さじ1
　　｜塩、コショウ…各適量
パセリ（みじん切り／あれば）
　…適量
福神漬け（あれば）…適量

1 シメジは石づきを除いて小房に分ける。エリンギ、マイタケは食べやすい大きさに切る。

2 タマネギは薄切りにし、耐熱容器に入れてラップをせずに電子レンジ（600W）で約2分加熱し、フライパンにサラダ油をひいて飴色に炒める。

3 バターと1を加えて炒め、分量の水を加えて煮立ったら**A**を加え、さっと煮る。器にご飯とともに盛り、あればご飯にパセリを散らし、福神漬けを添える。

ルーを使わず、牛肉のうま味を抽出
ハヤシライス

材料（2人分）
ご飯…茶碗2杯分
牛バラ肉（カレー用肉、または
　薄切り）…350g
A ｜塩、コショウ、小麦粉…各適量
サラダ油…小さじ2
バター…30g
タマネギ（輪切り）…1個
マッシュルーム（薄切り）
　…8個
小麦粉…大さじ2½
トマトケチャップ…大さじ2
赤ワイン…1カップ
B ｜水…2カップ
　　｜ウスターソース…大さじ3
　　｜顆粒コンソメ…大さじ1
　　｜ニンニク（すりおろす）
　　｜　…1かけ
生クリーム（あれば）…適量

1 牛肉に**A**をまぶす。フライパンにサラダ油をひいて中火にかけ、牛肉に焼き目をつけて取り出す。

2 1のフライパンにバターを入れ、タマネギとマッシュルームを加えて炒め、小麦粉をふってさらに炒める。ケチャップを加えて炒めて酸味を飛ばし、赤ワインを加えてアルコール分が飛ぶまで約5分煮る。

3 1を戻し、**B**を加えてカレー用肉の場合はフタをして弱火で約1時間、薄切り肉の場合はフタをしないで弱火で約30分煮る。カレーぐらいのとろみになって肉がやわらかくなったらご飯とともに器に盛り、あれば生クリームをかける。

ハラペコさんも大喜び。
ボリューム満点の男メシ
肉玉チャーハン

材料（2人分）
ご飯…400g
豚バラ薄切り肉…240g
ゴマ油…大さじ1
タマネギ（くし形切り）…1/2個
ニンニク（すりおろす）…1かけ
A│しょうゆ、砂糖
　│　…各大さじ1強
　│うま味調味料…小さじ1
サラダ油…大さじ2
卵…4個
B│長ネギ（みじん切り）
　│　…1/2本
　│塩、コショウ、
　│　うま味調味料…各適量
塩、コショウ…各適量
キャベツ（千切り）…1/8玉
紅ショウガ、万能ネギ（小口切り／
あれば）…適量

1 豚肉は食べやすい大きさに切る。フライパンにゴマ油をひいて中火にかけ、タマネギとニンニクを炒め、香りが立ったら豚肉を加えて炒め、Aで調味して取り出す。

2 1のフライパンの汚れをふき取り、サラダ油大さじ1をひいて強火にかけ、熱々のところに卵2個を溶いて入れ、すぐにご飯を加えて混ぜる。Bを加えて炒め、全体がなじんだら取り出して器に盛る。

3 2のフライパンの汚れをふき取り、残りのサラダ油をひいて中火にかける。残りの卵を溶いて入れ、塩、コショウをふってやわらかめのスクランブルエッグをつくり、2のチャーハンにのせる。1も盛り、キャベツとあれば紅ショウガを添える。

強火で手早く炒めるのがコツ！
ガーリックライス

材料（2人分）
ご飯…400g
牛肉…160g
サラダ油…小さじ1
塩、コショウ…各適量
バター…20g
ニンニク（みじん切り）…4かけ
タマネギ（みじん切り）…1/2個
A│うま味調味料…小さじ1
　│塩、コショウ…各適量
しょうゆ…少し
ブランデー（またはウイスキー、酒）
　…大さじ2

1 牛肉は食べやすい大きさに切り、フライパンにサラダ油をひいて強火にかけて炒め、塩、コショウをふって取り出す。

2 1のフライパンにバターとニンニクを入れてキツネ色になるまで炒め、タマネギとご飯、1を加えて炒める。

3 Aを加え、鍋肌にしょうゆをたらし、ブランデーをふってアルコール分を飛ばし、火を止める。

バターめんつゆ味でおかわり不可避
バターなめたけ丼

材料（2人分）
ご飯…茶碗2杯分
エノキダケ…1袋
バター…20g
めんつゆ(3倍濃縮)…大さじ1½
卵黄…2個
万能ネギ(小口切り)、しょうゆ
　…各適量

1. エノキダケは根元を除き、長さを3等分に切る。フライパンにバターを入れて中火にかけてエノキダケを炒め、めんつゆで調味する。

2. 器にご飯を盛り、1をのせて卵黄と万能ネギをのせ、しょうゆをたらす。

自信作のタレで。
カツは市販品でもOK
バタータレカツ丼

材料（2人分）
ご飯…茶碗2杯分
豚ヒレかたまり肉…320g
塩、コショウ…各適量
A｜小麦粉…適量
　｜卵(溶きほぐす)…1個
　｜パン粉…適量
揚げ油…適量
B｜白だし…大さじ1⅓
　｜砂糖…大さじ1
　｜水…大さじ4
　｜薄口しょうゆ(または
　｜　しょうゆ)…小さじ1
バター…20g
万能ネギ(小口切り)…適量
練りワサビ…適量

1. 豚肉は4等分に切り分け、たたいて薄くのばし、塩、コショウをふる。Aを順につけ、180℃に熱した揚げ油でこんがり揚げ、油をきる。

2. 鍋にBを入れて中火にかけ、ひと煮立ちさせて火をとめる。

3. 器にご飯を盛り、1をのせてバターをのせ、万能ネギを散らしてワサビを添え、2のタレをかける。

天かすでボリュームアップ！
ニンニク豆腐丼

材料（2人分）
ご飯…茶碗2杯分
豆腐（絹ごし）…1丁（350g）
ゴマ油…大さじ1⅓
天かす…60g
A｜水…大さじ6
　｜白だし…大さじ2½
　｜砂糖…大さじ2弱
　｜しょうゆ…小さじ2弱
　｜ニンニク（すりおろし）‥1かけ
卵黄…2個
万能ネギ（小口切り）…適量
赤唐辛子（輪切り）…適量
紅ショウガ（あれば）…適量

1 豆腐はペーパータオルに包んで皿などをのせて水きりをし、2cm角に切る。

2 フライパンにゴマ油をひいて中火にかけ、天かすを炒める。1を加えてさっと炒め、Aを加えてさっと煮る。

3 器にご飯を盛り、2をのせ、卵黄をのせて万能ネギと赤唐辛子を散らし、あれば紅ショウガを添える。

身近な材料を加え、
炊飯器で炊くだけ！
ツナ缶炊き込みご飯
おろしポン酢添え

材料（2人分）
米…2合
ツナ缶…1缶（汁気を切る／80g）
A｜しょうゆ…大さじ2
　｜白だし、酒、みりん…各小さじ1
長ネギ（小口切り）…½本
大根（すりおろす）、ポン酢
　…各適量

1 米は洗ってザルに上げる。

2 炊飯器に1を入れ、ツナを加える。Aも加え、水（分量外）を2合分の目盛りまで注ぎ、普通に炊く。

3 炊き上がったら長ネギを加えて混ぜ、器に盛り、大根おろしとポン酢を合わせて添える。

パスタ

Twitterコメント
Twitterで流れてきて作ったら、たしかにうまい！ アサリやキノコなどを入れてもいいかも（ラプターラさん）

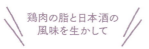
鶏肉の脂と日本酒の
風味を生かして

うま味たっぷり
日本酒鶏パスタ

甘味のある日本酒と鶏肉のうま味が、大人っぽい
和風パスタソースに。赤唐辛子の辛味が引き締め役

材料（2人分）
パスタ…200g
鶏モモ肉…大1枚（300g）
塩、コショウ…各適量
サラダ油…小さじ2
ニンニク（みじん切り）…4かけ
赤唐辛子（輪切り）…2本
日本酒…大さじ4

1 鶏肉は一口大に切り、塩、コショウをふる。フライパンにサラダ油をひいて中火にかけ、皮目を下に入れて焼く。

2 皮に焼き目がついたらニンニク、赤唐辛子を加えて炒め、日本酒も加えてアルコール分を飛ばす。

3 表示通りにゆでたパスタを2に加えて混ぜ、塩、コショウで味をととのえる。

Twitterコメント
簡単で味もしっかりしていてとてもおいしかった。手が込んで見えるので友人にも振る舞いたいな
(りたろめーぬ。さん)

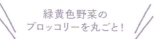

緑黄色野菜の
ブロッコリーを丸ごと!

一房ブロッコリー
ラグーのパスタ

クタクタに煮たブロッコリーをソースにした本格味。
アンチョビの風味を効かせて。シラスを使っても合います

材料（2人分）
パスタ…200g
ブロッコリー…大1個
オリーブオイル…大さじ2
ニンニク（つぶす）…2かけ
赤唐辛子（種を除く）…2本
アンチョビ（たたく）…4枚

水…1½カップ
A｜粉チーズ…大さじ2
　｜オリーブオイル…大さじ1

1 フライパンにオリーブオイルをひいて中火にかけ、ニンニクと赤唐辛子を炒め、香りが立ったらアンチョビを加えて炒める。ニンニクに火がしっかりとおるよう、フライパンを傾けて油をため、揚げるようにする。

2 ブロッコリーを小さめの小房に分けて加え、分量の水を加えてフタをし、15分蒸し煮にする。

3 ブロッコリーをざっとつぶし、Aを加え、表示通りにゆでたパスタをからめる。

煮詰めたケチャップのコクに驚き!
至高のナポリタン

材料（2人分）
パスタ… 200g
ベーコン… 120g
マッシュルーム… 1パック
タマネギ… 1/2個
ピーマン… 1個
サラダ油… 大さじ1
トマトケチャップ… 大さじ8
バター… 20g
粉チーズ、コショウ、パセリ
　（みじん切り／あれば）
　…各適量

1. ベーコンは5mm幅に切り、マッシュルームとタマネギは薄切りに、ピーマンはヘタと種を除いて細切りにする。

2. フライパンにサラダ油をひいて中火にかけ、1のベーコンを入れて炒め、脂が出てきたらマッシュルームとタマネギを加えて炒める。ケチャップを加えてよく混ぜながら、ペースト状になるまで炒める。

3. ペーストをフライパンの端に寄せ、あいたスペースにバターを入れて1のピーマンを炒める。

4. 表示通りにゆでたパスタを加え、炒めながらソースをからめる。パサつく場合はパスタのゆで汁（分量外）を少し加える。器に盛り、粉チーズとコショウ、あればパセリをふる。

刻んだタコの食感がクセになる
タコのミートソース

材料（2人分）
パスタ… 200g
ゆでダコ（みじん切り）… 140g
オリーブオイル… 大さじ2
ニンニク（みじん切り）… 4かけ
赤唐辛子（半分にちぎる）… 2本
タマネギ（みじん切り）… 1個
A｜トマト缶… 1缶（400g）
　｜顆粒コンソメ… 小さじ2弱
　｜塩、コショウ… 各適量
オリーブオイル（仕上げ用）、パセリ
　（みじん切り／あれば）…適量

1. フライパンにオリーブオイルをひいて中火にかけ、ニンニクと赤唐辛子を炒める。香りが立ったらタマネギも加えて炒め、タマネギが透きとおってきたらAを加えて煮詰める。

2. トマトの酸味が飛んだら、タコを加えて炒める。

3. 表示通りにゆでたパスタを加えてソースをからめ、火をとめてオリーブオイルをからめる。あればパセリを散らす。

たっぷりのソーセージで
焦がしソーセージの
ペペロンチーノ

材料（2人分）
パスタ…200g
ウインナソーセージ…8本
オリーブオイル…大さじ2
A｜ニンニク（みじん切り）…4かけ
　｜一味唐辛子…小さじ1
B｜顆粒コンソメ…小さじ2
　｜パスタのゆで汁…大さじ4

1 ソーセージは斜め薄切りにし、フライパンにオリーブオイルをひいて中火にかけ、炒める。焼き目がついたらAを加え、さっと炒める。

2 Bを加え、表示通りにゆでたパスタを加えてあえる。

10代の頃からの定番レシピ
サバ缶と
サニーレタスの
ペペロンチーノ

材料（2人分）
パスタ…200g
サバ水煮缶…1缶（140g）
サニーレタス（またはレタス）…1/2個
オリーブオイル…大さじ2
ニンニク（みじん切り）…4かけ
赤唐辛子（種を除く）…2本
A｜白だし…小さじ1強
　｜しょうゆ…小さじ2
　｜塩、コショウ…各適量
パセリ（みじん切り／あれば）

1 フライパンにオリーブオイルをひいて中火にかけ、ニンニクと赤唐辛子を炒める。香りが立ったらサバ缶を加えて炒め、Aで調味する。

2 表示通りにゆでたパスタと、サニーレタスを食べやすくちぎって加え、全体をからめて火をとめる。

夏にぴったり！そうめんでアレンジしても
冷やしボンゴレ

材料（2人分）
パスタ（カペッリーニ）
　…160g
アサリ（砂抜きする）
　…300g
オリーブオイル…大さじ4
ニンニク（みじん切り）
　…4かけ
A｜白ワイン…½カップ
　｜昆布茶…小さじ1
塩、コショウ…各適量
万能ネギ（小口切り）
　…適量
レモン（くし形切り）…2切れ

1. フライパンにオリーブオイル大さじ2をひいて中火にかけ、ニンニクを炒めて香りが立ったらアサリとAを加えてフタをする。貝が開いたらアサリを取り出し、残った汁を半量になるまで煮詰め、残りのオリーブオイルを加え、塩、コショウで味をととのえる。粗熱を取り、冷蔵庫で冷やす（急ぐ場合は冷凍室でもよい）。

2. パスタは表示通りにゆでてザルに上げ、流水で冷ましてから氷水（分量外）に取って冷やし、水気をきる。

3. 1と2、取り出したアサリをあえ、器に盛って万能ネギを散らし、レモンを添える。

トマトのバラを使ったさわやかなパスタ
トマトのバラの冷製カペッリーニ

材料（2人分）
パスタ（カペッリーニ）
　…160g
トマト…4個
A｜オリーブオイル
　｜　…大さじ6
　｜ニンニク（すりおろす）
　｜　…1かけ
　｜昆布茶…小さじ2弱
　｜塩、コショウ…各適量
バジル（あれば）…1パック
生ハム…50g
黒コショウ、粉チーズ
　（好みで）…適量

1. トマトは2個でバラをつくり（P.14参照）、冷蔵庫に入れる。残りは湯むきし、バラをつくった残りとともに種を除いて5mm角に切ってザルに上げ、水気をきる。

2. ボウルに1の角切りトマトを入れ、Aを加える。バジルも飾り用に4枚残し、残りはちぎって加え、スプーンなどで軽くつぶしながら混ぜ、冷蔵庫で冷やす。

3. パスタは表示より1分長くゆで、ザルに上げて流水で冷ましてから氷水（分量外）に取って冷やす。水気をよくきり、2とあえて器に盛り、ちぎった生ハムをのせ、1のトマトのバラと残したバジルを飾り、黒コショウ、好みで粉チーズをふる。

トマトクリームに唐辛子の辛さきプラス
チリトマト
カルボナーラ

材料（2人分）
パスタ… 200g
トマト缶… 1/2缶（200g）
ベーコン… 80g
バター… 20g
A ニンニク（みじん切り）… 2かけ
　赤唐辛子（輪切り）… 2本
　タマネギ（薄切り）… 1/4個
B タバスコ… 10滴
　顆粒コンソメ… 小さじ1弱
C 生クリーム… 80mℓ
　粉チーズ… 大さじ2
塩、コショウ… 各適量
卵黄… 2個
粉チーズ（仕上げ用）、パセリ（みじん切り／あれば）… 適量

1 ベーコンは5mm幅に切ってフライパンにバターとともに入れ、中火にかけて炒め、Aを順に加えて炒める。

2 トマトをつぶしながら缶汁ごと加え、Bも加えて少し煮る。

3 Cを加えて塩、コショウで味をととのえ、ひと煮立ちしたら表示どおりにゆでたパスタを加え、からめる。器に盛り、卵黄をのせてコショウをふり、好みで粉チーズ、あればパセリを散らす。

ひき割り納豆がパスタにかうむ！
納豆カルボナーラ

材料（2人分）
パスタ… 200g
納豆（ひき割り）… 2パック
ベーコン… 120g
オリーブオイル… 大さじ2
ニンニク（みじん切り）… 2かけ
タマネギ（薄切り）… 1/2個
白ワイン（または酒）… 大さじ2
A ナンプラー… 大さじ1
　昆布茶… 小さじ1
バター… 20g
卵黄… 2個
万能ネギ（小口切り）、黒コショウ… 各適量

1 ベーコンは5mm幅に切る。フライパンにオリーブオイルをひいて中火にかけ、ニンニクを炒めて香りが立ったらベーコンを加えて炒め、脂が出てきたらタマネギを加えて炒める。

2 白ワインを加えてアルコール分を飛ばし、Aと納豆を加えて混ぜる。

3 表示通りにゆでたパスタとバターを加えてあえる。器に盛り、卵黄をのせて万能ネギを散らし、黒コショウをふる。

> うどん
> その他麺

> Twitterコメント
>
> 冷や熱のつけ蕎麦でいただきました。かきたまでとろみをつけてお豆腐にのせてもおいしい万能お出汁！（かよまる✿さん）

トマトと白だしが相性◎!

トマトだしうどん

トマトのうま味は、和の味つけにもよく合うんです。
冷凍うどんが手軽ですが、そばでもおいしい

材料（2人分）
うどん（冷凍）…2玉
鶏モモ肉…大1枚（300g）
A｜水…3カップ
　｜白だし…大さじ6
トマト…2個

B｜しょうゆ、酒…各大さじ2
　｜ニンニク（すりおろす）…1かけ
　｜塩…少し
万能ネギ（小口切り）…適量

1 鶏肉はひと口大に切る。フライパンにAを入れて中火にかけ、煮立ったら鶏肉を入れ、再び煮立ったらアクを除く。

2 トマトをそぎ切りにして加え、Bも加えて約5分煮る。

3 うどんは表示通りに温めて器に盛り、2を注ぎ、万能ネギを散らす。

土鍋で煮込みうどんにするのも
おすすめ
豚キムチうどん

材料（2人分）
うどん（冷凍）…2玉
豚バラ薄切り肉…160g
A │ 水…3½カップ
  │ 白だし…¼カップ
B │ みそ…大さじ3
  │ 砂糖…大さじ1⅓
白菜キムチ…240g
卵…2個
万能ネギ（小口切り）…適量

1 鍋にAを入れて煮立て、豚肉を食べやすく切って加える。

2 再び煮立ったらアクを除き、Bを溶き混ぜ、キムチを食べやすく切って加えて煮込む。再び煮立ったら卵を加える。

3 うどんは表示通りに温めて器に盛り、2を注いで万能ネギを散らす。

生クリーム不要でコクたっぷり！
豆乳カルボナーラうどん

材料（2人分）
うどん（冷凍）…2玉
ベーコン…120g
ズッキーニ…½本
タマネギ…¼個
オリーブオイル…大さじ2
小麦粉…小さじ2
A │ 豆乳…2½カップ
  │ 顆粒コンソメ…大さじ1⅓
  │ バター…20g
  │ 粉チーズ…適量
  │ ニンニク（すりおろす）…1かけ
塩…少し
卵黄…2個
黒コショウ…適量

1 ベーコンは5mm幅に切り、ズッキーニは拍子木切りに、タマネギは薄切りにする。

2 フライパンにオリーブオイルをひいて中火にかけ、1を炒める。タマネギが透きとおったら小麦粉をふり入れてさっと炒め、Aを加えてとろみが出るまで煮詰め、塩で味をととのえる。

3 うどんは表示通りに温め、2に加えてあえ、器に盛って卵黄をのせ、黒コショウをふる。

人気店の味を僕なりに再現!
特製肉そば

材料(2人分)
中華麺…2玉
豚バラ薄切り肉…200g
A│水…3½カップ
 │白だし、中華調味料(ペースト)、
 │ みりん…各小さじ2
タマネギ(薄切り)…¼個
しょうゆ…大さじ2
ラード(あれば)…少し
ニンニク(すりおろす)…少し
B│大根(すりおろして水気を絞る)
 │ …大さじ4
 │粉唐辛子(または一味唐辛子)、
 │ ユズコショウ…各適量
万能ネギ(小口切り)…適量

1 鍋にAを入れて煮立て、豚肉を食べやすく切って加え、再び煮立ったらアクを除く。

2 タマネギを加えて軽く煮込み、しょうゆとあればラードを加える。

3 器にニンニクを入れて2のスープを注ぎ、表示通りにゆでた中華麺を加えて2の具材をのせ、合わせたBと万能ネギを添える。

電子レンジでタレが完成!
シラスあぶらーめん

材料(2人分)
中華麺…2玉
シラス…70g
A│ゴマ油…大さじ2
 │しょうゆ…小さじ2
 │オイスターソース
 │ …大さじ1
 │白だし…小さじ2弱
 │砂糖…小さじ½
 │ニンニク(すりおろす)…½かけ
万能ネギ(小口切り)…適量
卵黄…2個
メンマ…50g
糸唐辛子(あれば)…適量
黒コショウ、酢、ラー油(各好みで)
 …各適量

1 耐熱の器2つにAを半量ずつ入れ、電子レンジ(600W)で1つ40秒ずつ加熱する。

2 中華麺は表示通りにゆで、1に1玉ずつ入れてからめる。万能ネギを散らしてシラスと卵黄、メンマをのせ、あれば糸唐辛子を散らし、好みでコショウ、酢、ラー油をかける。

たっぷりのタマネギをのせて
スタミナ
タレ焼きそば

材料（2人分）
焼きそば用蒸し麺…2玉
豚バラ薄切り肉…180g
サラダ油…小さじ2
ゴマ油…大さじ2
A ┃ 焼き肉のタレ…大さじ6
　┃ ニンニク（すりおろす）…½かけ
モヤシ…1袋
タマネギ（薄切りにして水にさらし、
　水気を絞る）…½個
カツオ節、万能ネギ（小口切り）
　…各適量
紅ショウガ、糸唐辛子（各あれば）
　…各適量

1 豚肉は食べやすく切り、フライパンにサラダ油をひいて中火にかけて焼き、取り出す。

2 1のフライパンにゴマ油をひき、蒸し麺を入れてほぐしながら炒める。

3 1を戻してA、モヤシを加えて炒め、器に盛る。タマネギ、カツオ節を順にのせ、万能ネギを散らして、あれば紅ショウガと糸唐辛子を添える。

豚肉とニラでシンプルに！
ペッパー
しょうゆ焼きそば

材料（2人分）
焼きそば用蒸し麺…2玉
豚バラ薄切り肉…160g
長ネギ…½本
ニラ…⅔束
ゴマ油…大さじ1⅓
A ┃ しょうゆ、酒、
　┃ 　オイスターソース
　┃ 　…各小さじ2強
　┃ 中華調味料（ペースト）
　┃ 　…小さじ⅔
　┃ 水…大さじ2
黒コショウ…適量
糸唐辛子（あれば）…適量

1 豚肉は食べやすい大きさに切る。長ネギは1cm幅の斜め切りに、ニラは3cm長さに切る。

2 フライパンにゴマ油をひいて中火にかけ、1の豚肉と長ネギを炒める。蒸し麺を加え、広げながらAを加えて炒める。

3 全体がなじんだら、1のニラを加えて軽く炒め、黒コショウをたっぷりふる。器に盛り、あれば糸唐辛子をのせる。

食欲のない日もツルッと食べやすい
おろしラー油納豆そば

材料（2人分）
そば（乾麺）…2束（200g）
納豆（ひき割り）…2パック
みりん…小さじ2
A｜水…1½カップ
　｜白だし…¼カップ
　｜しょうゆ…小さじ2
B｜大根（すりおろして水気を絞る）…5cm
　｜ラー油…大さじ1⅓
万能ネギ（小口切り）、
　七味唐辛子…各適量

1 耐熱容器にみりんを入れてラップをせずに電子レンジ（600W）で1分加熱し、Aと合わせて冷蔵庫で冷やす。

2 そばは表示通りにゆでてザルに上げ、流水で冷ましてから氷水（分量外）に取って冷やし、水気をきり、器に盛る。

3 納豆、合わせたBをのせ、万能ネギを散らして七味唐辛子をふり、1をかける。

野菜たっぷりのヘルシーランチに
中華風そうめん炒め

材料（2人分）
豚こま切れ肉…100g
そうめん（乾麺）…150g
ニンジン…½本
ニラ…½束
サラダ油…大さじ1
A｜中華調味料（ペースト）…小さじ1½
　｜水…180mℓ
モヤシ…½袋
B｜しょうゆ、ゴマ油…各大さじ1
　｜塩、コショウ…各適量
ラー油（好みで）…適量

1 ニンジンは千切りに、ニラは3cm長さに切る。

2 フライパンにサラダ油をひいて中火にかけ、豚肉を入れて炒め、1のニンジンも加えて炒め、Aを加える。

3 そうめんは沸騰した湯（分量外）で1分ゆでてザルに上げる。

4 2にモヤシ、3を順に加え、Bで調味して1のニラを加えて火を止める。器に盛り、好みでラー油をかける。

〆にどうぞ！簡単スイーツ

シンプルな材料で簡単にできて、抜群にうまいデザート。
家呑みのあとにこんなデザートを出したら、
一気におもてなし感アップ！ もちろん、おやつタイムにも

\\ なめらかな舌触り //
がうれしい

飲めるプリン

湯煎でトロリと仕上げた
上品なプリン生地に、
香ばしいカラメルをかけて！

材料（2人分）
卵黄…2個
砂糖…30g
牛乳、生クリーム…各½カップ
バニラエッセンス…3滴
A │ 砂糖…大さじ2
　│ 水…大さじ1
ミント（あれば）…少し

1 ボウルに卵黄と砂糖を入れ、泡立て器で白っぽくなるまでよく混ぜる。牛乳と生クリームを加えてよく混ぜ、バニラエッセンスを加えて混ぜる。

2 ザルでこし、ファスナーつき保存袋に入れて空気を抜いて袋の口を閉じ、さらに保存袋に入れて二重にし、口を閉じる。

3 鍋に湯（分量外）を沸かし、火を止めて2を入れ、フタをして1時間おく。粗熱を取り、冷蔵庫で冷やす。

4 小鍋にAを入れて中火にかけ、焦げ茶に近い色になったら水大さじ1（分量外）を加えて混ぜ、火を止める。

5 3をすくって器に盛り、4のカラメルをかけ、あればミントを飾る。

やわらかな甘味がとろける幸せ味
バナナのカラメリゼ

材料（2人分）
バナナ…2本
A｜砂糖…大さじ2
　｜バター…20g
ラム酒（またはブランデー、
　コアントローなど）…大さじ1
アイスクリーム…適量

1 バナナは皮をむき、縦半分に切る。

2 フライパンにAを入れて中火にかけ、カラメル色になったら1の断面を下に入れて焼き目をつけ、両面をこんがり焼く。

3 ラム酒を加えてアルコール分を飛ばし、器に盛ってアイスクリームを添える。

市販のグラノーラで本格イタリアンデザート
カッサータ

材料（約11×16×高さ4cmの型1台分）
クリームチーズ…200g
生クリーム…1カップ
砂糖…50g
フルーツグラノーラ（市販品／
　ドライフルーツを多めに使う）…60g
レモン汁…大さじ1
セルフィーユ（あれば）…少し

1 耐熱ボウルにクリームチーズを入れ、電子レンジ（600W）で30秒加熱する。ゴムベラでやわらかく練って砂糖を加え、混ぜながら練る。

2 生クリームを加えて混ぜ、フルーツグラノーラ、レモン汁も加えて混ぜる。

3 浅めのパウンド型や保存容器などにクッキングシートを敷き、2を流し入れて冷凍庫で冷やし固める。

4 食べやすい大きさに切り、器に盛り、あればセルフィーユを飾る。

まだまだ更新中!

カップスープ カルボナーラ

材料とつくり方（2人分）
ボウルにカップスープ（ポタージュ系）2袋、オリーブオイル大さじ2、バター20g、卵2個を入れて混ぜる。フライパンにサラダ油小さじ1をひいて中火にかけ、5mm幅に切ったベーコン100gを炒めてボウルに加える。表示通りにゆでたパスタ200gも加えて混ぜ、器に盛り、コショウ、粉チーズ各適量をかける。好みでパセリ、タバスコをかけても。

アボカドタツタ

材料とつくり方（2人分）
アボカド1個は皮と種を除いて食べやすい大きさに切り、めんつゆ大さじ1、しょうゆ小さじ1、すりおろしたニンニクのすりおろし1/2かけ分に漬けて約1時間おく。片栗粉適量をまぶし、180℃の揚げ油で表面が少しキツネ色になるまで揚げる。油をきり、好みで塩とレモンを添える。

クリチ冷ややっこ

材料とつくり方（2人分）
クリームチーズ100gは食べやすい大きさの角切りにし、器に盛る。カツオ節、万能ネギの小口切り各適量をふり、めんつゆ小さじ1 1/2をかける。好みで練りワサビを添える。

大人気最新レシピ

毎日つぶやいている僕のツイッターレシピは
まだまだ更新中なのでぜひチェックを。
リツイートが多かった、最新の人気レシピはこれ！

生カリフラワーの カルパッチョ

材料とつくり方（2人分）
カリフラワー1/2個は小房に分けて薄切りにして器に並べ、塩、コショウ各適量をふり、オリーブオイル大さじ1 1/2を回しかける。好みで粉チーズをかける。

カレケチャポテト

材料とつくり方（2人分）
ジャガイモ3個（350g）は皮をむいて一口大に切り、耐熱容器に入れてラップをし、電子レンジ（600W）で約5分加熱する。ウインナソーセージ150gは斜め半分に切る。フライパンにサラダ油大さじ2をひいて中火にかけ、ジャガイモとソーセージを炒め、塩、コショウ各適量とトマトケチャップ大さじ3強を加えてさらに炒める。全体がなじんだら火を止めて器に盛り、カレー粉大さじ1をふる。あればパセリをかける。

食材別さくいん

肉・肉加工品

牛肉
フライパンde絶品
　ローストビーフ ………… 36
ハヤシライス ……………… 86
ガーリックライス ………… 87

鶏肉
バターチリチキン ………… 20
ラー油ゆで鶏 ……………… 22
鶏モモ肉のパリパリステーキ 23
低温鶏チャーシュー ……… 24
ペーパーチキン …………… 24
あめ色タマネギのレバーソテー
　……………………………… 25
砂肝塩コショウニンニク … 25
うま味たっぷり日本酒鶏パスタ
　……………………………… 90
トマトだしうどん ………… 98

豚肉
揚げないトンカツ ………… 26
糸こんのチャプチェ風 …… 28
おろしラー油の冷製豚しゃぶ
　……………………………… 28
漬け焼き豚 ………………… 29
豚バラのオーブン焼き …… 29
豚モツの中華風辛みそ炒め 31
豚モツのトリッパ風 ……… 31
フライパンde絶品ポークソテー
　……………………………… 36
白菜の重ね日本酒蒸し …… 47
豚の肉吸い風 ……………… 58
お好み焼き風卵焼き ……… 65
肉玉チャーハン …………… 87
バタレカツ丼 ……………… 88
豚キムチうどん …………… 100
特製肉そば ………………… 101
スタミナタレ焼きそば …… 102
ペッパーしょうゆ焼きそば 102
中華風そうめん炒め ……… 103

ひき肉
マーボーカレー …………… 17
塩マーボー ………………… 30
ミートラタトゥイユの
　オーブン焼き …………… 30
巻かないロールキャベツ風スープ
　……………………………… 41
スコッチエッグ風コロッケ 62

ウインナソーセージ
焦がしソーセージの
　ペペロンチーノ ………… 95
カレケチャポテト ………… 107

ハム
はんぺんのバターしょうゆピザ
　……………………………… 55
フレンチ油揚げ …………… 55
ハムチーズエッグスラット … 64

ベーコン
無限ミズナ ………………… 9
アボカドカルボナーラ …… 13
アボバタTKG ……………… 15
ポパイサラダ ……………… 46
白菜のコールスロー ……… 48
豆腐のナポリタン ………… 52
クラムチャウダー ………… 59
ペッパーモヤシ …………… 60
カルボエッグ ……………… 64
長イモのジャーマンポテト 71
ブルーチーズポテサラ …… 75
至高のナポリタン ………… 94
チリトマトカルボナーラ … 97
納豆カルボナーラ ………… 97
豆乳カルボナーラうどん … 100
カップスープカルボナーラ 106

生ハム
カボチャのカルボナーラ … 16
生ハムのクリームコロッケ 75
トマトのバラの冷製カペリーニ
　……………………………… 96

魚介・魚加工品・海藻

アサリ
クラムチャウダー ………… 59
冷やしボンゴレ …………… 96

あたりめ
あたり飯 …………………… 18

イカ
モロヘイヤとイカの
　ペペロンチーノ炒め …… 43

エビ
クリスピータルタルシュリンプ
　……………………………… 34
簡単タイ風エビパン ……… 70
ガーリックシュリンプ …… 74

塩鮭
塩鮭の黄身おろしのせ …… 32

シラス
無限湯通しキャベツ ……… 8
カブのカルパッチョ ……… 40
シラスサルサ冷ややっこ … 54
シラス七味ユッケ ………… 79
たたきキュウリのシラスあえ 81
シラスあぶらーめん ……… 101

タコ
タコのミートソース ……… 94

ネギトロ
ネギトロアボカドユッケ … 35
ネギトロ豆腐つくね ……… 35

ブリ
ブリのガーリックステーキ 34

カニ風味カマボコ
カニかまとしらたきの
　和風辛子マヨサラダ …… 50

ちくわ
ガリバタちくわ …………… 61

はんぺん
はんぺんのバターしょうゆピザ
　……………………………… 55

ワカメ
ワカメのやみつきナムル … 80

野菜類

青ジソ
スイーツトマト …………… 42

枝豆
ペッパーチーズ枝豆 ……… 11
枝豆とレンコンの辛子あえ 79

カブ
カブのカルパッチョ ……… 40

カボチャ
カボチャのカルボナーラ … 16

カリフラワー
生カリフラワーのカルパッチョ
　……………………………… 107

キャベツ
無限湯通しキャベツ ……… 8
巻かないロールキャベツ風スープ
　……………………………… 41
お好み焼き風卵焼き ……… 65

キュウリ
ひすいキュウリの酒蒸し … 60
たたきキュウリのシラスあえ 81

グリーンアスパラ
世界一おいしい
　アスパラの食べ方 ……… 12

ゴボウ
チーズきんぴら …………… 44

サツマイモ
ハニバタフライドサツマ …… 45

サトイモ
サトイモチーズもち …… 45

サニーレタス
サバ缶とサニーレタスの
　ペペロンチーノ …… 95

ジャガイモ
新ジャガのシャキシャキ酢炒め
　…… 41
クラムチャウダー …… 59
スコッチエッグ風コロッケ …… 62
ハムチーズエッグスラット …… 64
ブルーチーズポテサラ …… 75
カレケチャポテト …… 107

春菊
チョレギ春菊 …… 47

ズッキーニ
無限ズッキーニ …… 9
ズッキーニの
　フラワーカルパッチョ …… 43
豆乳カルボナーラうどん …… 100

セロリ
豚モツのトリッパ風 …… 31

大根
大根のから揚げ …… 10
おろしラー油の冷製豚しゃぶ
　…… 28
塩鮭の黄身おろしのせ …… 32
ナスの揚げ浸し香味おろし …… 43
大根ステーキ …… 47
ショウガと大根おろしのスープ
　…… 58
おでん …… 78
特製肉そば …… 101
おろしラー油納豆そば …… 103

タマネギ
ステーキソース …… 23
あめ色タマネギの
　レバーソテー …… 25
ミートラタトゥイユの
　オーブン焼き …… 30
豚モツのトリッパ風 …… 31
クリスピータルタルシュリンプ
　…… 34
新タマネギのチーズサラダ …… 41
豆腐のナポリタン …… 52
クラムチャウダー …… 59
スコッチエッグ風コロッケ …… 62

簡単タイ風エビパン …… 70
サバカレー …… 84
爆速キノコカレー …… 86
ハヤシライス …… 86
ガーリックライス …… 87
肉玉チャーハン …… 87
至高のナポリタン …… 94
タコのミートソース …… 94
納豆カルボナーラ …… 97
スタミナタレ焼きそば …… 102

トマト
トマトのバラ …… 14
スイーツトマト …… 42
シラスサルサ冷やややっこ …… 54
トマトのバラの冷製カペッリーニ
　…… 96
トマトだしうどん …… 98

長イモ
長イモのジャーマンポテト …… 71
長イモ千切りの温玉添え …… 80

長ネギ
マーボーカレー …… 17
漬け焼き豚 …… 29
塩マーボー …… 30
ネギ塩焼きこんにゃく …… 61
肉玉チャーハン …… 87
ペッパーしょうゆ焼きそば …… 102

ナス
ミートラタトゥイユの
　オーブン焼き …… 30
ナスの揚げ浸し香味おろし …… 43
ナスの白だしバター炒め …… 70

ニラ
糸こんのチャプチェ風 …… 28
塩マーボー …… 30
ペッパーしょうゆ焼きそば …… 102
中華風そうめん炒め …… 103

ニンジン
糸こんのチャプチェ風 …… 28
チーズきんぴら …… 44
丸ごとニンジンの食べるスープ
　…… 56
クラムチャウダー …… 59
中華風そうめん炒め …… 103

ニンニク
マーボーカレー …… 17
あめ色タマネギのレバーソテー
　…… 25
ミートラタトゥイユの
　オーブン焼き …… 30
豚モツの中華風辛みそ炒め …… 31
豚モツのトリッパ風 …… 31

ブリのガーリックステーキ …… 34
巻かないロールキャベツ風スープ
　…… 41
モロヘイヤとイカの
　ペペロンチーノ炒め …… 43
丸ごとニンジンの食べるスープ
　…… 56
ひすいキュウリの酒蒸し …… 60
ペッパーモヤシ …… 60
ガーリックシュリンプ …… 74
ガーリックライス …… 87
うま味たっぷり日本酒鶏パスタ
　…… 90
一房ブロッコリーラグーの
　パスタ …… 92
タコのミートソース …… 94
焦がしソーセージの
　ペペロンチーノ …… 95
サバ缶とサニーレタスの
　ペペロンチーノ …… 95
冷やしボンゴレ …… 96
チリトマトカルボナーラ …… 97
納豆カルボナーラ …… 97

ニンニクの芽
豚モツの中華風辛みそ炒め …… 31

白菜
白菜の重ね日本酒蒸し …… 47
白菜のコールスロー …… 48
沖縄風みそ汁 …… 59

白菜キムチ
豚キムうどん …… 100

パクチー
パクチーサラダ …… 51

バジル
トマトのバラ …… 14
トマトのバラの冷製カペッリーニ
　…… 96

ピーマン
豆腐のナポリタン …… 52
至高のナポリタン …… 94

ブロッコリー
デパ地下風ブロッコリーと卵の
　ツナマヨサラダ …… 50
一房ブロッコリーラグーの
　パスタ …… 92

ホウレンソウ
ポパイサラダ …… 46

ミズナ
無限ミズナ …… 9

モヤシ
沖縄風みそ汁 59
ペッパーモヤシ 60
スタミナタレ焼きそば 102
中華風そうめん炒め 103

モロヘイヤ
モロヘイヤとイカの
　ペペロンチーノ炒め 43

レンコン
チーズきんぴら 44
枝豆とレンコンの辛子あえ 79

キノコ

エノキダケ
エノキダケのから揚げ 45
バターなめたけ丼 88

エリンギ
爆速キノコカレー 86

シメジ
爆速キノコカレー 86

マイタケ
爆速キノコカレー 86

マッシュルーム
豆腐のナポリタン 52
マッシュルームの卵とじ 65
ハヤシライス 86
至高のナポリタン 94

果物

アボカド
アボカドカルボナーラ 13
アボバタTKG 15
ネギトロアボカドユッケ 35
アボカドタツタ 106

バナナ
バナナのカラメリゼ 105

卵

ウズラ卵
ウズラのソース味玉 81

卵
世界一おいしい
　アスパラの食べ方 12
アボカドカルボナーラ 13
アボバタTKG 15
カボチャのカルボナーラ 16

塩鮭の黄身おろしのせ 32
クリスピータルタルシュリンプ 34
ネギトロアボカドユッケ 35
デパ地下風ブロッコリーと卵の
　ツナマヨサラダ 50
フレンチ油揚げ 55
豚の肉吸い風 58
沖縄風みそ汁 59
スコッチエッグ風コロッケ 62
カルボエッグ 64
ハムチーズエッグスラット 64
お好み焼き風卵焼き 65
マッシュルームの卵とじ 65
簡単タイ風エビパン 70
生ハムのクリームコロッケ 75
おでん 78
シラス七味ユッケ 79
長イモ千切りの温玉添え 80
肉玉チャーハン 87
バタータレカツ丼 88
バターなめたけ丼 88
ニンニク豆腐丼 89
チリトマトカルボナーラ 97
納豆カルボナーラ 97
豆乳カルボナーラうどん 100
豚キムチうどん 100
シラスあぶらーめん 101
飲めるプリン 104
カップスープカルボナーラ 106

豆加工品・こんにゃくなど

油揚げ
フレンチ油揚げ 55

豆乳
豆乳カルボナーラうどん 100

豆腐
マーボーカレー 17
塩マーボー 30
ネギトロ豆腐つくね 35
豆腐のナポリタン 52
絹厚揚げ 54
シラスサルサ冷ややっこ 54
豚の肉吸い風 58
ニンニク豆腐丼 89

納豆
フレンチ油揚げ 55
納豆カルボナーラ 97
おろしラー油納豆そば 103

こんにゃく
糸こんのチャプチェ風 28
ネギ塩焼きこんにゃく 61
おでん 78

しらたき
カニかまとしらたきの
　和風辛子マヨサラダ 50

牛乳・乳製品

牛乳
クラムチャウダー 59
生ハムのクリームコロッケ 75
飲めるプリン 104

生クリーム
クラムチャウダー 59
生ハムのクリームコロッケ 75
チリトマトカルボナーラ 97
飲めるプリン 104
カッサータ 105

粉チーズ
ペッパーチーズ枝豆 11
世界一おいしい
　アスパラの食べ方 12
アボカドカルボナーラ 13
カボチャのカルボナーラ 16
新タマネギのチーズサラダ 41
ズッキーニの
　フラワーカルパッチョ 43
チーズきんぴら 44
サトイモチーズもち 45
一房ブロッコリーラグーの
　パスタ 92

クリームチーズ
ハムチーズエッグスラット 64
クリチハニーカナッペ 74
カッサータ 105
クリチ冷ややっこ 106

スライスチーズ
はんぺんのバターしょうゆピザ 55
フレンチ油揚げ 55

ピザ用チーズ
ミートラタトゥイユの
　オーブン焼き 30
豆腐のナポリタン 52

ブルーチーズ
ブルーチーズポテサラ 75

ご飯・麺

うどん
トマトだしうどん …………… 98
豆乳カルボナーラうどん …… 100
豚キムチうどん ……………… 100

ご飯・米
アボバタTKG ………………… 15
マーボーカレー ……………… 17
あたり飯 ……………………… 18
サバカレー …………………… 84
爆速キノコカレー …………… 86
ハヤシライス ………………… 86
ガーリックライス …………… 87
肉玉チャーハン ……………… 87
バタータレカツ丼 …………… 88
バターなめたけ丼 …………… 88
ツナ缶炊き込みご飯
　おろしポン酢添え ………… 89
ニンニク豆腐丼 ……………… 89

食パン
簡単タイ風エビパン ………… 73

そうめん
中華風そうめん炒め ………… 103

そば
揚げそば ……………………… 78
おろしラー油納豆そば ……… 103

中華麺
シラスあぶらーめん ………… 101
特製肉そば …………………… 101

パスタ
アボカドカルボナーラ ……… 13
カボチャのカルボナーラ …… 16
うま味たっぷり
　日本酒鶏パスタ …………… 90
一房ブロッコリーラグーの
　パスタ ……………………… 92
至高のナポリタン …………… 94
タコのミートソース ………… 94
焦がしソーセージの
　ペペロンチーノ …………… 95
サバ缶とサニーレタスの
　ペペロンチーノ …………… 95
トマトのバラの冷製カペッリーニ
　……………………………… 96
冷やしボンゴレ ……………… 96
チリトマトカルボナーラ …… 97
納豆カルボナーラ …………… 97
カップスープカルボナーラ … 106

春雨
ラー油ゆで鶏の春雨スープ … 22

焼きそば用蒸し麺
スタミナタレ焼きそば ……… 102
ペッパーしょうゆ焼きそば … 102

缶詰

アンチョビ
一房ブロッコリーラグーの
　パスタ ……………………… 92

サバ水煮缶
サバ缶のオイルサーディン … 71
サバカレー …………………… 84
サバ缶とサニーレタスの
　ペペロンチーノ …………… 95

ツナ缶
無限ズッキーニ ……………… 9
デパ地下風ブロッコリーと卵の
　ツナマヨサラダ …………… 50
フレンチ油揚げ ……………… 55
枝豆とレンコンの辛子あえ … 79
ツナ缶炊き込みご飯
　おろしポン酢添え ………… 89

トマト缶
ミートラタトゥイユの
　オーブン焼き ……………… 30
豚モツのトリッパ風 ………… 31
サバカレー …………………… 84
タコのミートソース ………… 94
チリトマトカルボナーラ …… 97

ランチョンミート缶
沖縄風みそ汁 ………………… 59

その他

アイスクリーム
バナナのカラメリゼ ………… 105

インスタントスープ
カップスープカルボナーラ … 106

カレールウ
マーボーカレー ……………… 17
爆速キノコカレー …………… 86

クラッカー
クラムチャウダー …………… 59
ハムチーズエッグスラット … 64
クリチハニーカナッペ ……… 74

グラノーラ
カッサータ …………………… 105

メンマ
シラスあぶらーめん ………… 101

111

リュウジ RYUJI　料理研究家。「今日食べたいものを今日作る!」をコンセプトに、Twitter（アカウント：@ore825）で日夜更新する、「簡単・爆速レシピ」が人気を集める。フォロワー数約24万人（2018年8月現在）。2017年8月に公開した「無限湯通しキャベツ」はTBS『あさチャン!』、日本テレビ『ZIP!』などでも取り上げられて話題に。WEBサイト「アイスム」「ひとり暮らしLab」などでもレシピを掲載中。

インスタグラム　@ryuji_foodlabo

スタイリング	坂上嘉代、リュウジ
構成	井汲千絵
写真	山田耕司（扶桑社）、リュウジ
装丁・本文デザイン・イラスト	蓮尾真沙子（tri）
校閲	小出美由規

お手軽食材で失敗知らず!
やみつきバズレシピ

発行日　2018年2月10日　初版第1刷発行
　　　　2018年9月20日　　第8刷発行

著者　　リュウジ

発行者　久保田榮一

発行所　株式会社 扶桑社
　　　　〒105-8070
　　　　東京都港区芝浦1-1-1　浜松町ビルディング
　　　　電話　03-6368-8870（編集）
　　　　　　　03-6368-8891（郵便室）
　　　　www.fusosha.co.jp

印刷・製本　凸版印刷株式会社

定価はカバーに表示してあります。
造本には十分注意しておりますが、落丁・乱丁（本のページの抜け落ちや順序の間違い）の場合は、小社郵便室宛にお送りください。送料は小社負担でお取り替えいたします（古書店で購入したものについては、お取り替えできません）。
なお、本書のコピー、スキャン、デジタル化等の無断複製は著作権法上の例外を除き禁じられています。本書を代行業者等の第三者に依頼してスキャンやデジタル化することは、たとえ個人や家庭内での利用でも著作権法違反です。

©Ryuji, 2018
Printed in Japan
ISBN978-4-594-07885-0